하루 한 꼭지 초등 세계사 3 근대~현대

글 김지연 | 그림 뭉선생 윤효식
감수 전국역사교사모임 세계사 분과

주니어김영사

이 책의 구성과 특징

간식단과 함께
가슴 뛰는 세계사 여행!

역사 ① 교과서를 충실히 반영했어요!

옛날 교과서가 아닌 지금 친구들이 학교에서 쓰는 역사 ① 교과서의 내용을 바탕으로 만들었어요. 최신 교과서의 새로운 내용을 빠뜨리지 않았어요.

단 세 권, 200꼭지면 세계사의 흐름이 잡혀요!

세계사의 핵심 주제를 단 세 권, 200꼭지로 구성했어요. 처음부터 읽으면 세계사의 흐름이 이해되고, 궁금한 주제가 있으면 사전처럼 골라 읽어도 돼요.

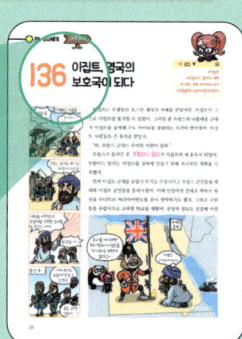

줄글 책이 이렇게 재미있을 줄이야!

인기 캐릭터 간식단과 함께 신나게
역사 탐험을 떠나 보아요.
옛날이야기 같이 재미있는 줄글에
4컷 만화와 삽화로 흥미를 더했어요.

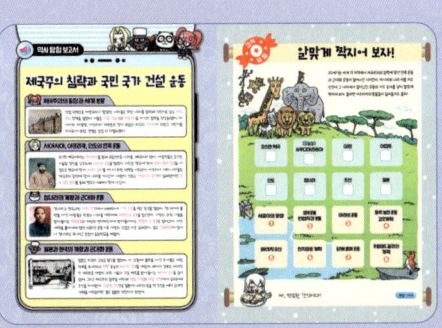

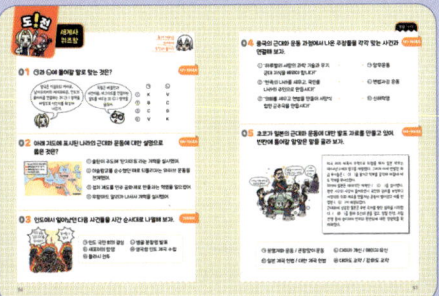

부모님도 선생님도 맘에 쏙 든 알찬 구성!

〈쏙쏙 퀴즈〉로 꼭지 내용을 점검하고,
〈간식단의 세계사 여행〉으로 재미를 더해요.
〈역사 탐험 보고서〉로 각 시대를 정리해요.
〈간식 타임〉에서 학습 내용을 확인하고
〈세계사 퀴즈왕〉에 도전해 봐요!

차례

1 제국주의 침략과 국민 국가 건설 운동

교과 연계 중등 역사 ①   Ⅳ 제국주의 침략과 국민 국가 건설 운동

- 131 제국주의 침략이 시작되다 · · · · · · 14
- 132 제국주의, 아시아와 태평양을 나눠 갖다 · · · · · · 16
- 간식단의 세계사 여행   아프리카 탐험에 앞장선 리빙스턴과 스탠리 · · · · · · 18
- 133 제국주의, 아프리카를 나눠 차지하다 · · · · · · 20
- 간식단의 세계사 여행   대영 제국의 상징, 빅토리아 여왕 · · · · · · 22
- 134 탄지마트로 부활을 꿈꾼 오스만 제국 · · · · · · 24
- 135 아랍과 이란에서 민족 운동이 일어나다 · · · · · · 26
- 136 이집트, 영국의 보호국이 되다 · · · · · · 28
- 137 아프리카, 제국주의에 온몸으로 저항하다 · · · · · · 30
- 138 인도의 세포이, 영국에 맞서 일어나다 · · · · · · 32
- 간식단의 세계사 여행   동남아시아의 민족 운동 · · · · · · 34
- 139 청나라, 아편 전쟁으로 나라의 문을 열다 · · · · · · 36
- 140 태평천국 운동, 새로운 나라를 꿈꾸다 · · · · · · 38
- 141 중국, 서양을 배워 개혁을 시도하다 · · · · · · 40
- 142 서태후, 청의 몰락을 앞당기다 · · · · · · 42
- 143 쑨원, 중화민국을 수립하다 · · · · · · 44
- 144 일본, 나라의 문을 활짝 열다 · · · · · · 46
- 145 메이지 유신, 일본의 모든 것을 바꾸다 · · · · · · 48
- 146 일본 제국주의가 팽창하다 · · · · · · 50
- 147 조선, 새로운 나라를 만들기 위해 노력하다 · · · · · · 52

역사 탐험 보고서 · · · · 54   간식 타임 · · · · 55   세계사 퀴즈왕 · · · · 56

두 차례의 세계 대전

교과 연계 중등 역사 ①   Ⅴ 세계 대전과 사회 변동

148 3국 동맹과 3국 협상이 대립하다 ································ 60
149 제1차 세계 대전이 일어나다 ·································· 62
간식단의 세계사 여행   제1차 세계 대전, 전쟁의 모습이 달라지다 ········ 64
150 러시아의 차르, 국민들을 짓밟다 ································ 66
151 레닌, 러시아 혁명을 일으키다 ·································· 68
152 베르사유 체제가 만들어지다 ·································· 70
153 제1차 세계 대전 이후 민주주의가 발전하다 ················· 72
154 무스타파 케말, 튀르키예 공화국을 만들다 ················· 74
155 인도와 동남아시아의 민족 운동 ······························ 76
156 장제스, 북벌에 성공하다 ······································ 78
157 미국, 세계 최고의 공업국으로 우뚝 서다 ···················· 80
158 대공황, 세계를 휩쓸다 ·· 82
159 대공황에 맞선 미국과 유럽 ···································· 84
160 무솔리니, 이탈리아를 전체주의 국가로 만들다 ············· 86
161 히틀러, 독일을 장악하다 ······································ 88
162 스탈린, 소련을 독재 국가로 만들다 ·························· 90
163 제2차 세계 대전이 일어나다 ·································· 92
164 일본이 아시아 침략을 시작하다 ······························ 94
165 영국, 처칠을 중심으로 저항하다 ······························ 96
166 연합국, 전쟁을 승리로 이끌다 ·································· 98
간식단의 세계사 여행   연표로 보는 제2차 세계 대전 ····················· 100
167 인류 최대의 비극으로 끝난 제2차 세계 대전 ················ 102
간식단의 세계사 여행   아인슈타인과 오펜하이머 – 미션, 원자 폭탄을 개발하라! ····· 104

역사 탐험 보고서 ···· 106   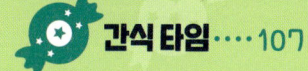 간식 타임 ···· 107    세계사 퀴즈왕 ···· 108

3 전후 세계 질서와 냉전

교과 연계 중등 역사 ①   Ⅵ 현대 세계의 전개와 과제

- **168** 전쟁을 피로 물들인 대량 학살 ……………… 112
- **169** 전쟁 속에서 인권이 짓밟히다 ……………… 114
- **170** 전범 재판이 열리다 ……………………………… 116
- **171** 국제 연합(UN)이 탄생하다 …………………… 118
- **172** 세계 각국이 독립을 이루다 …………………… 120
- **173** 인도와 파키스탄이 독립하다 ………………… 122
- **174** 유대인의 나라, 이스라엘이 탄생하다 ……… 124
- **175** 세계가 냉전 속으로 들어가다 ………………… 126
- **176** 중국에 공산주의 국가가 세워지다 ………… 128
- **177** 한반도에서 6·25 전쟁이 일어나다 ………… 130
- **178** 베트남 전쟁이 일어나다 ……………………… 132
- **179** 미국과 소련, 우주 경쟁을 벌이다 …………… 134
- **간식단의 세계사 여행** 혁명을 낳은 우정, 체 게바라와 피델 카스트로 …… 136
- **180** 핵전쟁 턱밑까지 갔던 쿠바 위기 …………… 138
- **181** 제3 세계가 떠오르다 …………………………… 140
- **182** 중국, 개혁 개방을 시작하다 …………………… 142
- **183** 자유와 평화를 외친 68 운동 ………………… 144
- **184** 화해의 바람이 세계를 녹이다 ………………… 146
- **185** 소련, 개혁과 개방을 추진하다 ………………… 148
- **186** 독일이 통일되고 소련이 해체되다 …………… 150

역사 탐험 보고서 …… 152   **간식 타임** …… 153   **세계사 퀴즈왕** …… 154

4 냉전을 넘어 새로운 시대로

교과 연계 중등 역사 ①   Ⅵ 현대 세계의 전개와 과제

187	대중문화가 확산하다	158
간식단의 세계사 여행	자유와 평화를 사랑한 히피의 문화	160
188	미국의 흑인들, 인종 차별에 맞서다	162
189	넬슨 만델라, 자유와 저항의 상징이 되다	164
190	여성들, 페미니즘 운동을 벌이다	166
191	신자유주의가 등장하다	168
192	하나가 되어 가는 세계	170
193	상처만 남긴 테러와의 전쟁	172
194	갈 곳을 잃은 사람들, 난민 문제	174
간식단의 세계사 여행	끝나지 않은 갈등	176
195	우리 모두 나서야 할 환경 문제	178
196	인류, 팬데믹을 경험하다	180
197	대중문화에 새로운 바람이 나타나다	182
198	우크라이나 전쟁이 터지다	184
199	새로운 세상을 연다, 4차 산업 혁명	186
200	온라인 세상, SNS로 연결되다	188

🔊 역사 탐험 보고서 …… 190   ✨ 간식 타임 …… 191   세계사 퀴즈왕 …… 192

등장인물 소개

간식단 세상의 모든 간식을 먹고 싶어 하는, 밉지 않은 악당들이야.
다른 차원에서 온 시간 여행자의 부탁을 받고 세계사 속으로 탐험을 떠나게 돼.

서태후

청나라 말, 어린 황제를 내세워 대신 권력을 휘둘렀던 중국의 황후야.

쑨원

청나라를 무너뜨리고 중국의 개혁을 이끈 정치가야. 중화민국을 세웠어.

레닌

러시아 혁명을 일으킨 혁명가야. 러시아를 세계 최초의 사회주의 국가로 만들었어.

무스타파 케말

오스만 제국을 차지하려는 외세를 물리치고 튀르키예 공화국을 세운 정치인이야.

간디

인도의 독립운동가야. 비폭력·불복종 운동을 통해 세계적으로 유명해졌어.

무솔리니

이탈리아의 정치가야. 전체주의를 앞세워 나라의 권력을 잡고 독재 정치를 펼쳤어.

히틀러

독일의 독재자야. 나치당을 통해 권력을 잡고 제2차 세계 대전을 일으켰어.

스탈린

레닌의 뒤를 이은 소련의 지도자야. 무시무시한 독재 정치를 펼쳤지.

처칠

제2차 세계 대전 당시 영국의 총리야. 불리한 상황에서도 독일에 끝까지 맞섰어.

마오쩌둥

중국 공산당의 지도자야. 중국을 장악하고 오늘날 중국(중화 인민 공화국)을 세웠어.

고르바초프

소련의 지도자야. 소련의 개혁·개방을 이끌고, 미국과 화해해 냉전의 끝을 선언했어.

넬슨 만델라

남아프리카공화국의 흑인 지도자야. 인종 차별에 맞선 끝에 노벨 평화상도 받았어.

프롤로그
계속되는 세계사 탐험

"다시 시간 여행을 떠날 시간이야!"

애들아, 어서 와! 우리는 오랜만에 쉬고 있는 중이야. 시간 여행자한테 허락은 받았냐고? 물론이지~ 그동안 그렇게 여러 나라를 다니면서 수많은 사람들을 만났는데, 잠깐은 쉬었다 가야 하지 않겠어? 그런데 지금 뭘 하는 중인지 궁금하지? 보다시피 뉴스를 보는 중이야. 사실 예전에는 뉴스 같은 건 너무 어려워서 보지도 않았는데, 그동안 세계사 탐험을 하다 보니 자연스럽게 세계 곳곳에 어떤 일이 일어나고 있는지 궁금해지더라고. 그래서 요즘 우리 간식단은 시간이 날 때마다 다 같이 모여서 해외 토픽을 챙겨 보곤 해. 아무래도 그동안 역사 탐험을 통해서 다들 교양 수준이 한 단계 업그레이드된 모양이야~ 역사는 마냥 어려운 줄만 알았는데, 이렇게 재밌고 유익한 것일 줄이야!

오잉? 그런데 방금 TV에 아주 맛있어 보이는 간식이 등장했어. 촉촉한 스펀지 케이크에 부드러운 생크림과 달콤한 초코를 올린… 초코 케이크야! 좋아, 우리 간식단의 다음 목표는 저 케이크다!

그런데 이게 웬일? 시간 여행자가 이제 저 케이크는 맛볼 수 없다면서 고개를 절레절레 젓는 거야. 도대체 왜?

1 제국주의 침략과 국민 국가 건설 운동

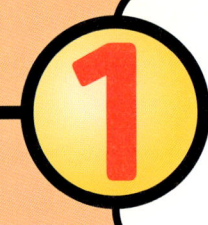

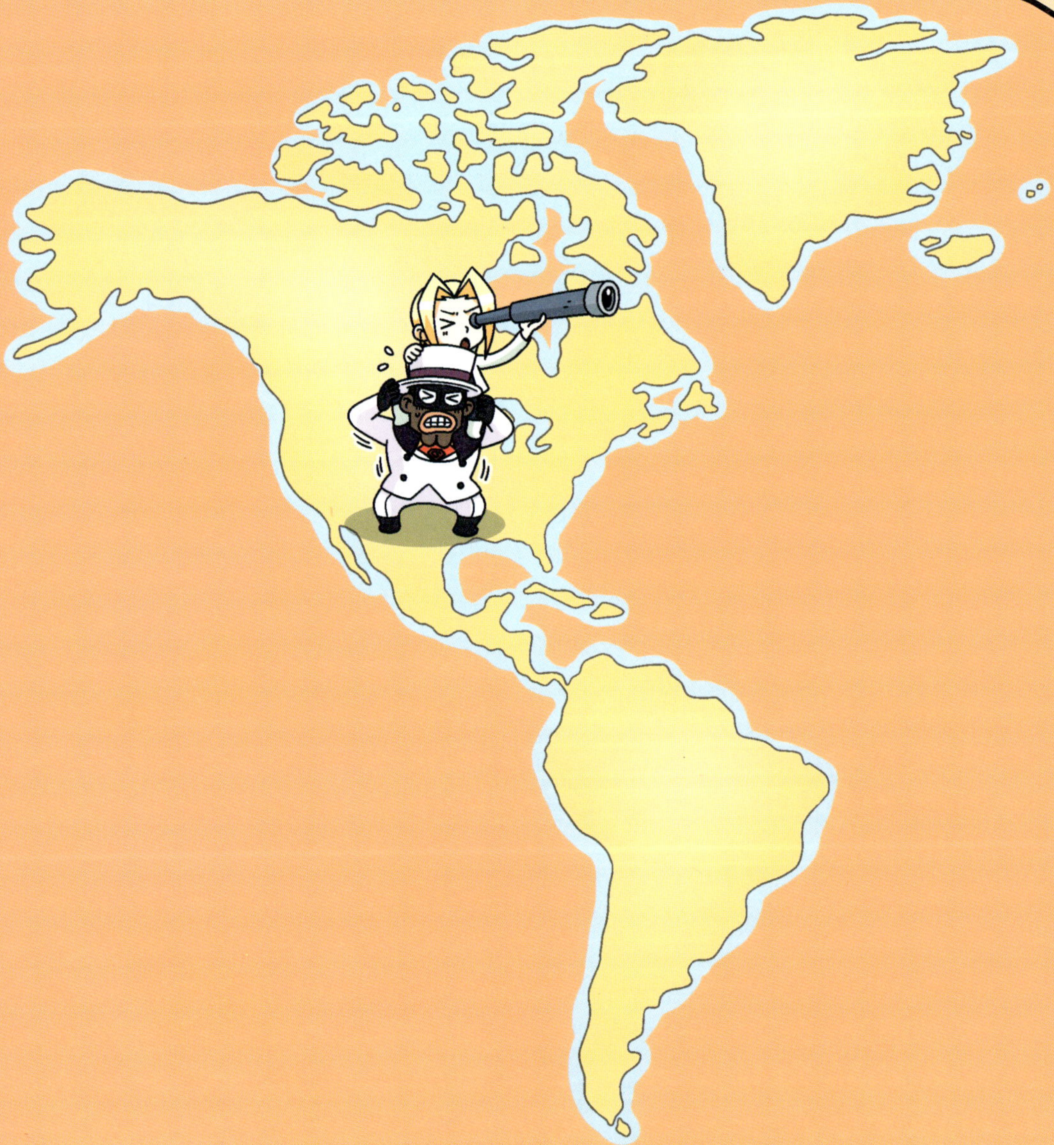

세계사 ON

1839년 오스만 제국이 탄지마트 개혁을 실시하다

1857년 인도에서 세포이의 항쟁이 일어나다

1861년 중국에서 양무운동이 전개되다

한국사 ON

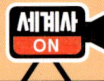

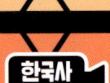

1862년 임술 농민 봉기가 일어나다

제국주의 국가들은 아시아나 아프리카로 눈을 돌려 식민지를 쟁탈하기 위해 싸웠어. 찬란했던 오스만 제국은 쇠퇴의 길을 걷게 되었고, 서아시아와 아프리카 지역에서는 외세의 침략에 맞선 민족 운동이 일어났지. 중국과 일본, 한국 동아시아 3국은 서양 문물을 받아들이며 근대화의 길로 들어서게 돼. 한국은 일본 제국주의의 침략을 받아 국권을 빼앗겼어.

1868년
일본에서 메이지 유신이 시작되다

1876년
일본과 강화도 조약을 맺다

1894
청일 전쟁이 벌어지다

1894년
동학 농민 운동과 갑오개혁이 진행되다

1912년
중화민국이 수립되다

1905년
을사늑약으로 일본에 외교권을 빼앗기다

19세기 유럽

131 제국주의 침략이 시작되다

#자본주의 #제국주의
#사회 진화론 #인종주의
#3C 정책 #3B 정책
#누가더야만적인나라였을까?

18세기 후반 영국에서 시작된 산업 혁명은 빠르게 주변국과 바다 건너 미국으로 퍼져 나갔어. 산업 혁명의 결과 기계가 발명되어 물건을 한 번에 많이 만들 수 있게 되었고, ★이윤을 추구하는 **자본주의** 경제 체제가 발전했지.

산업 발전을 이뤄 성장한 유럽의 강대국들은 어떻게 하면 더 많은 이익을 얻을 수 있을지 고민하다 세 가지 방법을 떠올렸어. 일할 사람들을 싼값에 많이 구하는 것과, 비싸게 상품을 팔 수 있는 곳을 찾는 것, 그리고 팔고 남은 돈으로 투자할 수 있는 곳을 찾아내는 일이었지.

강대국들은 산업 혁명의 물결이 닿지 않은 아시아나 아프리카로 눈을 돌렸어. 그리고는 군대를 이끌고 약소국을 침략해 ★식민지로 삼기 시작했지. 뒤이어 식민지 사람들을 노예처럼 부려서 얻은 금, 다

이아몬드, 고무 같은 자원들을 자기 나라로 가져갔어. 유럽 사람들은 빼앗은 원료로 만든 물건을 내다 팔면서 큰 이익을 챙겼어.

강대국들은 식민지가 원래 갖고 있던 문화와 전통을 무시했고, 지배에 불만을 가진 사람들을 총과 칼로 위협했어. 이러한 식민지 지배 정책을 **제국주의**라고 해.

강대국들은 제국주의 정책이 당연하다고 생각했어. 힘센 나라가 힘이 약한 나라를 침략하는 건 자연의 이치라는 **사회 진화론**을 믿었거든. 사회 진화론은 찰스 다윈의 진화론을 사회에 적용시켜 발전한 사상이었어.

"백인이 제일 우수한 인종이라고!"

강대국들은 이러한 인종 차별적인 생각도 가지고 있었어. 특정 인종이 우월하다는 차별적인 생각을 '**인종주의**'라고 해. 지금 들어보면 말도 안 되는 주장이지만 사회 진화론과 인종주의의 논리에 따라 강대국들은 침략을 계속했어. 식민지를 통해 들어오는 이익이 엄청나서 침략을 반대하는 국민도 거의 없었지.

국민의 지지와 국가의 지원 속에 강대국들은 식민지를 하나라도 더 차지하기 위해 치열하게 경쟁했어. 영국은 이집트의 카이로, 남아프리카의 케이프타운, 인도의 콜카타를 연결해 지배하는 **3C 정책**을 바탕으로 식민지를 확장해 나갔지. 한편 영국보다 조금 늦게 제국주의 경쟁에 뛰어든 독일은 베를린과 비잔티움(이스탄불), 바그다드를 연결하는 철도를 세우는 **3B 정책**으로 맞섰어.

낱말 체크

★ **이윤** 장사 등을 하여 남은 돈.
★ **식민지** 다른 나라에 지배를 당하여 주권을 잃은 나라.

다윈의 '진화론'

영국의 생물학자, 찰스 다윈은 19세기에 《종의 기원》이라는 책을 통해 생물이 진화한다고 주장했어. 모든 동식물이 몇 개의 공통된 조상에서 갈라져 나와 진화하면서 환경에 적응한 것들만 살아남는다는 이론이지. 다윈의 주장은 신이 모든 생명을 만들었다고 하는 창조론을 믿던 당시 사람들에게 큰 충격을 주었어.

▶ 인간 동물원 ▼

유럽인들은 아프리카에서 붙잡아 온 흑인을 전시하는 인간 동물원을 만들기도 했어. 이 전시를 보러 온 사람들은 자기와 다른 모습의 흑인들을 동물원의 동물처럼 신기하게 바라보았지. 아마 자신들과 같은 인간이 아닌 야만적이고 미개한 존재라고 생각했을 거야. 인간 동물원은 제국주의 국가들에 뿌리내리고 있었던 인종주의를 잘 보여 주고 있어.

전시되고 있는 콩고 사람들

쏙쏙 퀴즈 — 맞으면 O, 틀리면 X

1 제국주의는 다른 나라와 평화롭게 외교 관계를 맺는 정책이다.

2 인종주의는 식민지 지배를 정당화하는 생각이었다.

132 제국주의, 아시아와 태평양을 나눠 갖다

#인도 #플라시 전투
#인도차이나반도 #필리핀
#태평양의 여러 섬들
#진짜나라로땅따먹기하던시대

아시아와 태평양 지역은 유럽 상인들이 향신료 등 유럽에서 나지 않는 물건을 구하기 위해 거래하는 지역이었어. 하지만 제국주의 침략 정책이 본격화되면서 유럽 각국의 태도는 싹 달라졌지.

"아시아와 태평양 지역을 식민지로 만들면 얼마나 이득일까?"

제일 먼저 **인도**가 유럽의 표적이 되었어. **영국 동인도 회사**가 인도를 침략했고, 프랑스가 뒤따라 들어왔지. 두 나라는 인도산 특산물을 유럽에 수입하며 많은 이익을 챙겼어.

인도를 두고 경쟁하던 영국과 프랑스는 1757년에 **플라시 평원**에서 인도의 주인 자리를 두고 전투를 벌이게 돼. 영국이 승리하면서 프랑스를 몰아내고 인도를 차지하게 되었지.

그러나 영국 동인도 회사가 처음부터 순조롭게 인도 전체를 지배한 것은 아니었어. 넓은 인도 구석구석에 있던 지방 세력들의 저항이

만만치 않았거든. 하지만 영국은 차례로 이들을 ★진압하면서 마침내 인도 전 지역을 차지했지. 뒤이어 인도 동쪽의 미얀마와 말레이반도까지 점령해 식민지로 만들었어.

한편 인도에서 영국에게 밀려난 프랑스는 동남아시아 쪽으로 눈을 돌려 ★인도차이나반도를 차지했어. 네덜란드는 동남아시아 남쪽 인도네시아의 수많은 섬들을 정복해 식민지로 만들었지. 미국도 뒤늦게 식민지 경쟁에 뛰어들어 에스파냐가 갖고 있던 필리핀을 차지했어.

제국주의 국가들의 경쟁으로 아시아 지역이 대부분 식민지가 되어 가는 가운데, 끝까지 독립을 유지했던 나라도 있었어. 바로 시암, 오늘날의 태국이야.

"우리는 식민지가 되기 전에 먼저 나라 문을 열고 서양 문물을 받아들이자."

태국의 왕은 각종 제도를 정비하고 서양식 시설을 갖춰 나가는 개혁을 했어. 그렇게 태국은 독립을 유지할 수 있었지.

한편 태평양의 여러 섬들도 제국주의 침략을 피해 가지 못했어. 오스트레일리아와 뉴질랜드는 영국의 지배를 받게 되었고 태평양의 괌과 하와이는 미국 차지가 되었지. 독일도 태평양 가운데 작은 섬들을 식민지로 삼았어. 20세기 초에는 아시아와 태평양 대부분의 지역이 제국주의 국가들의 손아귀에 들어가게 되었지.

낱말 체크

★ **진압** 강압적인 힘으로 억눌러 진정시킴.

★ **인도차이나반도** 오늘날의 베트남, 캄보디아, 라오스가 있는 땅

영국 동인도 회사

영국의 엘리자베스 1세 여왕이 아시아의 무역을 독차지하기 위해 만든 회사야. 이름은 '회사'지만 군대를 거느리고 조약도 맺을 수 있었지. 동인도 회사는 훗날 영국이 인도를 직접 지배하기 전까지 인도를 간접 지배하는 중심 역할을 했어.

▶ 영국과 프랑스의 완충 지대, 태국 ▼

태국의 왕 라마 5세는 태국이 지리적으로 영국과 프랑스 식민지들 사이에 끼어 있다는 사실을 이용했어. 영국과 프랑스를 찾아가 태국이 두 나라의 충돌을 누그러지게 하는 완충 지대가 될 수 있을 거라고 설득했지. 영국과 프랑스는 국경을 맞대는 대신 태국을 완충 지대로 두기로 했어. 탁월한 외교 전략을 펼쳤던 라마 5세는 지금도 태국인들에게 존경받고 있어.

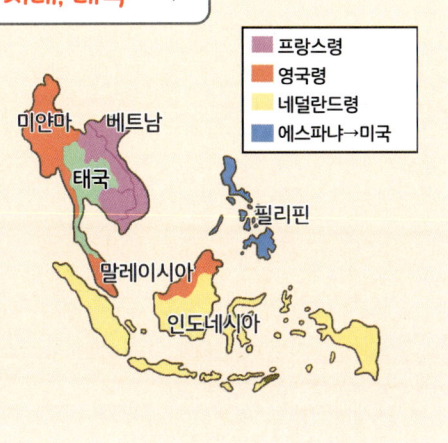

쏙쏙 퀴즈 맞는 것 고르기

1. 영국 동인도 회사는 (인도/태국)를(을) 침략했다.

2. 미국은 동남아시아의 (베트남/필리핀)을 차지했다.

아프리카 탐험에 앞장선 리빙스턴과 스탠리

"혹시, 리빙스턴 박사님이십니까?"

1871년 가을, 《뉴욕 헤럴드》 신문의 영국인 기자 스탠리는 아프리카 콩고강 주변의 작은 마을에서 한 사람을 찾아냈어. 그가 찾은 사람은 데이비드 리빙스턴. 5년 동안이나 소식이 끊겨 있었던 영국의 탐험가였지.

리빙스턴은 크리스트교를 전파하기 위해 남아프리카의 케이프타운에 도착했고, 더 많은 아프리카인들을 만나고 싶어 점점 더 내륙으로 들어갔지. 무시무시한 더위에 시달리고 사자에게 팔을 물린 적도 있지만, 리빙스턴은 포기하지 않았어. 사막을 건너고 강을 찾아내며 아프리카의 동쪽과 서쪽을 가로질렀지. 당시 어떤 백인도 가보지 못한 땅을 탐험한 거야. 엄청나게 큰 폭포를 발견한 후 영국 여왕의 이름을 따서 '빅토리아 폭포'라는 이름을 붙여 주었고, 아프리카 원주민들이 노예로 팔리는 모습을 보고는 노예 무역에 반대하는 운동을 벌이기도 했어. 이렇게 리빙스턴은 남아프리카 탐험으로 영국에서 유명인이 되었고, 나일강의 시작점을 찾기 위해 또 한 번 탐험을 떠났지. 그러나 힘든 탐험 중에 ★말라리아에 걸려 영국과의 연락이 끊겨 버렸어.

★ 말라리아 학질모기에 물려 고열, 구토, 발작 등이 일어나는 전염병.

리빙스턴 박사의 아프리카 탐험 경로

영국에서는 리빙스턴이 죽었다는 소문이 돌았어. 여러 사람들이 그를 찾겠다며 아프리카로 떠났지. 그중 스탠리가 1년이 넘는 탐험 끝에 원주민 마을에서 건강을 회복 중이던 리빙스턴을 찾아낸 거야. 리빙스턴은 스탠리가 가져온 약과 음식으로 기운을 차렸고 함께 탐험도 했어. 그러나 리빙스턴은 영국으로 함께 돌아가자는 스탠리의 제안을 거절하고 아프리카에 남아 탐험을 계속했지. 그리고 몇 년 후 아프리카 땅에서 세상을 떠났어.

스탠리는 리빙스턴을 구조하고 돌아온 후로도 아프리카 탐험을 계속했어. 나일강의 시작점을 찾아내고 콩고 땅을 다니며 지도를 만들었지. 벨기에의 왕 레오폴드 2세가 스탠리를 적극 지원했어.

리빙스턴과 스탠리 같은 탐험가들이 목숨을 걸고 모은 지리 정보 덕분에 유럽인들은 아프리카에 대해 더 잘 알게 되었어. 그러나 이 정보들은 유럽 국가들이 아프리카를 침략하는 데 이용되기도 했지. 리빙스턴이 뚫은 탐험로를 따라 들어간 영국 군대가 원주민의 땅과 자원을 빼앗았고, 벨기에는 스탠리가 알려 준 정보를 이용해 콩고를 식민지로 만들었어. 리빙스턴과 스탠리는 유럽인들에게 위대한 탐험가로 남았지만, 아프리카인들에게는 재난을 가져다준 거지. 물론, 리빙스턴과 스탠리는 의도하지 않았겠지만.

19세기 후반 — 아프리카

133 제국주의, 아프리카를 나눠 차지하다

#열강의 아프리카 진출
#벨기에 레오폴드 2세
#파쇼다 사건
#식민지파괴위에꽃핀제국주의

유럽의 국가들은 일찍이 아프리카 해안에서 원주민들을 잡아 노예 무역을 해 왔어. 그러나 아프리카 내륙은 해안 지역과는 다르게 유럽인들이 찾아가기 어려운 두려움의 땅이었지. 사막과 밀림이 대부분인 데다가 말라리아 같은 전염병의 공포도 있었거든.

그러나 19세기 중반에 리빙스턴과 스탠리 같은 탐험가들이 아프리카 내륙을 탐사하면서 놀라운 사실이 밝혀졌어.

"아프리카 내륙에 ★광물과 보석, 고무 등의 자원이 엄청나군!"

제국주의 국가들은 군대를 이끌고 본격적으로 아프리카 내륙을 침략하기 시작했지.

아프리카 침략에 가장 적극적이었던 벨기에 왕 **레오폴드 2세**는 콩고를 식민지로 만들었어. 이 과정에서 유럽 다른 나라들이 반발하자

전쟁을 막기 위해 유럽의 나라들은 회의를 열었지.

"먼저 점령하는 나라가 주인이 되는 것으로 합시다!"

이런 결론에 따라 제국주의 국가들의 아프리카 땅따먹기가 시작되었어. 지도에 자를 대고 그으면서 영토를 나눠 가졌다는 이야기도 있지. 영국, 프랑스, 독일, 벨기에 등이 앞다퉈 아프리카에 식민지를 세웠고 20년 만에 아프리카 땅의 90%가 유럽 식민지가 되었어.

이렇게 물불 안 가리는 식민지 경쟁이 계속되면서 제한된 땅 안에서 제국주의 국가들끼리 부딪히게 돼. 1898년 그런 일이 실제로 수단의 **파쇼다**라는 곳에서 벌어졌어.

"영국은 아프리카 북쪽의 이집트와 남쪽 케이프타운 식민지를 연결할 거야."

"흥, 우리 프랑스는 서쪽의 알제리와 동쪽의 마다가스카르섬을 연결해 아프리카를 가로지를 거야."

이렇게 남북으로 식민지를 넓혀 가던 영국과 동서로 식민지를 넓혀 가던 프랑스가 딱 만나게 된 거야. 프랑스군이 먼저 도착했지만, 나중에 들어온 영국군의 수가 훨씬 많았어.

두 나라는 서로에게 물러나라고 위협했지만 결국 프랑스가 물러나면서 전쟁까지 가지는 않았지. 이 사건을 '**파쇼다 사건**'이라고 해. 이 사건 이후 아프리카에서의 식민지 경쟁은 거의 마무리되었어.

낱말 체크

★ **광물** 철·금·은 등 자연 속에서 나며, 화학적으로 성질이 일정한 물질.

독립을 지켜 낸 아프리카의 두 나라

에티오피아와 라이베리아를 제외한 아프리카의 모든 지역은 제국주의 지배로 고통받았어. 에티오피아는 이탈리아의 침략에 맞서 싸우며 독립을 지켰고, 라이베리아는 미국 출신 흑인들이 세운 나라로 미국의 지원을 받았기에 식민지가 되지 않았어.

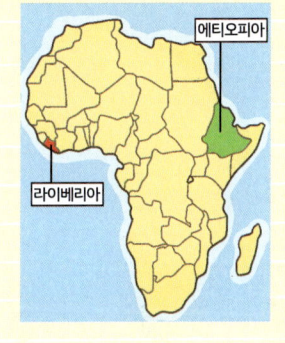

▶ 벨기에의 콩고 침략 ▼

레오폴드 2세는 콩고를 잔인하게 지배했어. 콩고 원주민들에게 고무나무에서 나오는 고무를 채취하게 하고 정해진 양을 채워 오지 못하면 손목을 잘라 버렸다고 해. 그렇게 생산된 고무는 유럽과 미국에 수출되어 자동차와 자전거 타이어의 재료가 되었어. 콩고 곳곳에 대규모 카카오 농장을 만들고 원주민들에게 카카오도 재배시켰지. 세계적으로 유명한 벨기에 초콜릿의 역사 속에는 콩고인들의 희생이 숨겨져 있어.

콩고인을 얽어 감은 레오폴드 2세

쏙쏙 퀴즈 - 맞으면 O, 틀리면 X

1 벨기에 왕 레오폴드 2세는 무력을 사용하지 않고 평화롭게 콩고를 다스렸다. ☐

2 파쇼다 사건은 프랑스와 미국이 부딪쳐서 일어난 사건이다. ☐

대영 제국의 상징, 빅토리아 여왕

영국은 인류 역사상 가장 크고 넓은 식민지를 가진 제국이 되었어. 영국의 식민지 면적은 세계 육지 면적의 4분의 1이었고, 세계 인구의 5분의 1이 영국과 영국의 식민지 땅에 살고 있었다고 해. 그래서 당시 영국을 '해가 지지 않는 나라'라고 불렀어. 영국의 식민지가 워낙 많아서 영국 땅 어딘가에는 늘 해가 떠 있다는 뜻이지. '해가 지지 않는 나라' 시절 영국의 국왕이 바로 빅토리아 여왕이야.

빅토리아 여왕은 영국의 식민지를 넓히는 일에 온 힘을 쏟았어. 아시아 지역에서는 청나라를 아편 전쟁으로 굴복시켰고, 인도에서 일어난 세포이의 항쟁을 막아 내 영국령 인도 제국을 세웠어. 빅토리아 여왕은 영국의 왕이자 인도의 황제를 겸했지. 3C 정책으로 아프리카도 침략해 이집트와 남아프리카 등을 식민지로 삼았어.

빅토리아 여왕이 영국을 통치했던 '빅토리아 시대'는 영국이 엄청난 식민지를 차지하며 '대영

빅토리아 여왕의 초상화

빅토리아 여왕 재위 당시 대영 제국의 식민지

제국'으로 황금기를 누리던 시기였어. 외교뿐만 아니라 사회와 경제, 문화 등 다방면으로 큰 변화와 발전이 이루어졌지. 하지만 동시에 영국의 식민지들에게는 제국주의 침략에 고통받았던 시기이기도 했어.

무려 64년 동안 영국을 통치하며 영국 역사상 두 번째로 오래 왕위에 머문 군주, 빅토리아 여왕. 그녀에 대해 좀 더 알아보자!

코이누르 다이아몬드가 박힌 왕관 ▼

'빛의 산'이란 뜻의 코이누르 다이아몬드는 인도 무굴 제국의 보물이었어. 하지만 영국이 인도를 침략하는 과정에서 약탈해 빅토리아 여왕의 왕관에 박히게 되었지. 이 왕관은 현재 영국의 런던탑에 전시되어 있는데, 인도인들은 식민 지배 시기의 피눈물을 상징하는 코이누르 다이아몬드를 돌려달라고 영국에 요청하고 있어.

▼ 유럽의 할머니

빅토리아 여왕은 9명의 자녀와 42명의 손자·손녀를 두었어. 빅토리아 여왕의 딸들은 대부분 유럽 왕실로 시집을 가서 유럽의 많은 왕실이 빅토리아 여왕의 피를 잇게 되었지. 그래서 빅토리아 여왕을 '유럽의 할머니'라고 부르기도 해.

앨버트 공과 결혼식을 올리는 빅토리아 여왕 ▼

앨버트 공 | 빅토리아 여왕

빅토리아 여왕은 첫눈에 반한 앨버트 공과 결혼식을 올렸어. 결혼식에 입었던 하얀색 웨딩드레스가 이후 전 세계 신부들의 공식 웨딩드레스가 되었지. 그러나 결혼한 지 20년 만에 앨버트 공이 먼저 세상을 떠났어. 여왕은 남편을 잃은 충격에 한동안 정치에서 손을 놓기도 했지. 이후 자신이 죽을 때까지 40년 동안 검은 상복 드레스에 화장도 하지 않고 늘 남편을 그리워하며 살았다고 해.

19~20세기 서아시아

134 탄지마트로 부활을 꿈꾼 오스만 제국

#오스만 제국
#탄지마트 개혁
#청년 튀르크당
#유럽의왕자에서환자로

한때 유럽 세계까지 진출했던 이슬람 세계의 대장, **오스만 제국**은 17세기 후반부터 쇠퇴의 길로 접어들었어. 그러자 오스만 제국의 지배 아래 있던 여러 민족들이 독립을 위해 꿈틀거리기 시작했지.

우선 그리스가 독립 전쟁을 일으켜 먼저 독립해 나갔고, 알제리와 튀니지는 프랑스에 넘어갔어. 오스만 제국의 영토는 전성기의 절반으로 줄어들었지. 한때 '유럽의 왕자'라고도 불렸던 오스만 제국은 이제 '**유럽의 환자**'라고 놀림받는 지경에 이르렀어.

19세기 중반 오스만 제국은 위기를 극복하기 위해 개혁을 선택했어. 술탄이 직접 주도해 낡은 제도들을 뜯어고치기 시작했지. 유럽의 제도를 모델로 삼아 오스만 제국의 모든 제도를 다시 구성하는 이 개혁을 '다시 구성한다.'라는 뜻의 '**탄지마트**'라고 불러.

술탄은 공정한 세금 제도, 유럽식 교육 제도와 *징병 제도를 새로이 실시하는 한편, 민족과 종교에 상관없이 모든 이들의 생명과 재산을 보호하겠다고 발표했어. 철도와 도로, 운하 등 각종 시설도 새로 세웠고, 이스탄불에 유럽의 궁전과 같은 화려한 궁전도 지었지.

그러나 급격한 개혁과 유럽 문물이 이슬람교의 정신을 파괴한다며 반발하는 사람들도 많았어. 개혁이 계속될수록 외국에 지는 빚도 늘어났지. 이런 어려움 속에서도 제국의 재상 **미드하트 파샤**는 더 *혁신적인 개혁을 추진했어.

"서양식 의회를 만들고 헌법을 발표하겠습니다."

오스만 제국은 아시아 최초로 의회와 헌법을 가진 나라가 되었어. 하지만 새로운 술탄은 의회의 권력이 강해지는 것이 불만이었지. 그래서 의회를 해산하고 헌법을 정지시키며 독재 정치를 이어 나갔어.

불만이 쌓인 오스만 제국의 젊은 장교와 지식인들은 **청년 튀르크당**을 만들어 술탄의 독재 정치와 싸우기로 했어.

"헌법을 부활시켜라! 술탄의 독재에 반대한다!"

1908년 청년 튀르크당은 결국 혁명을 일으켜 정권을 잡았어. 헌법을 부활시키고 새 술탄을 세워 헌법에 따라 나라를 통치하게 했지. 서양 세력의 침략에 반대하는 운동도 벌였어. 그러나 청년 튀르크당은 튀르크족만 우선시하는 튀르크 민족주의 정책을 펼쳐 제국 안 다른 민족들의 불만을 샀어.

낱말 체크

★ **징병 제도** 나라에서 젊은이를 일정 기간 의무적으로 군인으로 일하게 하는 제도.

★ **혁신** 오래된 풍속, 관습, 조직 등을 완전히 새롭게 바꾸는 것.

돌마바흐체 궁전

탄지마트 개혁이 한창이던 1856년, 이스탄불에 프랑스 베르사유 궁전을 모델로 한 새 궁전이 세워졌어. 넓은 정원과 화려한 샹들리에로 장식된 이 궁전은 강국으로 부활하고자 하는 오스만 제국의 의지를 보여 주었지.

▶ 러시아-튀르크 전쟁 ▼

지중해로 진출하려는 러시아는 오스만 제국과 충돌했어. 크림 전쟁이 대표적이야. 오스만 제국은 순식간에 크림반도를 빼앗겼지만 러시아를 막으려는 영국과 프랑스의 도움을 받아 겨우 이겼어. 그러나 20년 뒤 다시 한번 러시아와 전쟁을 치른 오스만 제국은 유럽의 도움을 받지 못해 크게 패하고 많은 땅을 빼앗겼어.

러시아군에 항복하는 튀르크인들

쏙쏙 퀴즈 맞는 것 고르기

1 술탄이 주도한 오스만 제국의 개혁 정책을 (대형마트/**탄지마트**)라고 한다.

2 혁명을 일으켜 헌법을 부활시키고 나라를 통치한 당은 청년 (**튀르크**/아랍)당이다.

18~20세기

135 아랍과 이란에서 민족 운동이 일어나다

#와하브 운동
#담배 불매 운동
#이란 입헌 혁명
#세계로확산되는민족운동!

오스만 제국이 쇠퇴하자 이슬람교의 본고장인 아라비아반도의 아랍 민족들도 오스만 제국의 지배에서 벗어나려는 운동을 벌였어. 이븐 압둘 와하브라는 사람이 중심이 되어 일으킨 이슬람 운동이 대표적이야.

"무함마드 시대의 순수했던 이슬람교로 돌아가 《쿠란》의 가르침대로 살아야 해요."

'**와하브 운동**'이라 불리는 이 운동은 사우드 가문의 지원을 받으며 폭발적으로 퍼져 나갔지. 사우드 가문은 아라비아반도 거의 전 지역을 차지하고는 나라 이름을 '와하브 왕국'이라고 정했어.

오스만 제국에 맞서는 이슬람 국가가 세워지자 오스만 제국은 이를 그냥 두고 볼 수 없었지. 오스만 제국은 이집트의 힘을 빌려 와하브 왕국을 무너뜨리고 사우드 가문 사람 대부분을 처형했어.

그러나 와하브 운동의 불길은 쉽게 꺼지지 않았어. 오스만 제국이 몰락한 뒤인 1926년, 사우드 가문은 아라비아반도에 다시 나라를 세웠는데 이 나라가 오늘날의 '**사우디아라비아**'야.

한편 오스만 제국의 팽창 속에서도 꿋꿋이 나라를 지켜 나갔던 이슬람 국가가 있어. 페르시아 제국의 후예인 **이란**이야. 하지만 이란도 19세기 제국주의의 물결 속에서 러시아와 영국의 경쟁터가 되었어.

따뜻한 남쪽으로 진출하려는 러시아와 이를 막으려는 영국은 이란 왕을 압박해 철도나 광산 개발 같은 돈이 될 만한 권리들을 마구 빼앗아 갔지. 또 이란 왕은 담배를 ★독점으로 판매할 수 있는 권리를 영국에게 넘긴다고 발표했어.

"뭐? 영국인들에게서만 담배를 살 수 있다고?"

분노한 이란 사람들은 담배를 사지 말자는 **담배 불매 운동**을 벌였어. 결국 이란 왕은 국민의 요구를 받아들여 영국으로부터 담배 판매권을 돌려받았지만, 영국은 약속을 어겼다며 이란을 더 심하게 간섭했지. 참다못한 이란 사람들은 거리로 나가 이란 정부와 외세에 저항하는 시위를 시작했어.

"의회를 설치하라! 헌법을 제정하라!"

이란을 입헌 군주국으로 만들자는 이 혁명을 '**입헌 혁명**'이라고 불러. 결국 이란 왕은 의회와 헌법을 만들었지. 하지만 곧 영국과 러시아가 군대를 보내 이 헌법을 없애 버렸어. 그리고 영국과 러시아는 이란 땅을 둘로 쪼개 각각 보호령으로 삼았지.

★ **독점** 혼자서 모두 차지함.

사우디아라비아

이슬람교의 근본 가르침을 철저히 지키자는 와하브 운동의 영향을 받아 세워진 사우디아라비아는 지금도 이슬람의 원칙을 엄격히 따르고 있어. 술과 돼지고기를 금지하고 여성의 사회 진출과 노출도 허락하지 않지. 그러나 최근에는 여성에게 운전면허를 발급하고 사회 진출을 허용하는 등 변화의 움직임을 보이고 있어.

사우디아라비아 국기

▶ 이슬람 세계 독립을 위한 알 아프가니의 노력

알 아프가니는 제국주의 국가들의 침략으로 위기에 빠진 이슬람 세계를 구하기 위해 앞장서 싸웠어. 영국의 요구에 굴복만 하는 이란 왕을 비판하다가 추방당하기도 했지. 추방 중이던 1891년, 이란에서 담배 판매권이 영국에 넘어갔다는 소식을 듣자 그는 이란 각지의 이슬람 지도자들에게 왕을 비판하는 편지를 썼어. 그의 편지는 이슬람 지도자들의 마음을 움직였고 전국적인 담배 불매 운동으로 이어질 수 있었지.

맞는 것 고르기

1 (아이브 / **와하브**) 운동은 아라비아반도에서 벌어진 새로운 이슬람 운동이다.

2 이란에서 벌어진 담배 (**불매** / 구매) 운동은 영국에 저항하기 위한 것이었다.

19~20세기 아프리카

136 이집트, 영국의 보호국이 되다

#이집트
#무함마드 알리의 개혁
#수에즈 운하 #아라비 파샤
#독립좀하나싶더니영국이왔네

이집트는 오랫동안 오스만 제국의 지배를 받았지만, 이집트인 스스로 이집트를 통치할 수 있었어. 그러던 중 프랑스의 나폴레옹 군대가 이집트를 공격해 수도 카이로를 점령하는 사건이 벌어졌어. 이집트 사람들은 큰 충격을 받았지.

"와, 프랑스 군대는 우리와 차원이 달라."

프랑스가 물러간 후, **무함마드 알리**가 이집트의 새 총독이 되었어. 무함마드 알리는 이집트를 강하게 만들기 위해 적극적인 개혁을 시작했지.

먼저 이집트 군대를 유럽식 무기로 무장시키고 프랑스 군인들을 데려와 이집트 군인들을 훈련시켰어. 이때 만들어진 군대로 와하브 왕국을 무너뜨려 아라비아반도를 잠시 장악하기도 했지. 그리고 국민들을 유럽식으로 교육할 학교를 세웠어. 공장과 철도도 건설해 이집

트는 공업 중심의 나라로 변화해 나갔지. 무함마드 알리의 개혁은 오스만 제국의 탄지마트보다 30년이나 앞선 개혁이었어.

그리스가 오스만 제국으로부터 독립하려 전쟁을 벌였을 때, 오스만 제국은 이집트에게 도움을 요청했어. 이집트는 그 대가로 오스만 제국의 지배에서 조금 더 벗어날 수 있었어. 사실 독립한 것이나 마찬가지였지.

19세기 중엽 프랑스는 홍해와 지중해를 이어 주는 운하를 건설하자고 이집트에 제안했어. 운하 통행료로 엄청난 이익을 얻을 것이라 기대한 이집트는 프랑스와 손잡고 <mark>수에즈 운하</mark> 건설을 시작했지. 운하는 3만 명 이상의 이집트인들이 동원되어 10년 만에 완성되었어.

그러나 수에즈 운하는 곧 이집트의 걱정거리가 되었어. 외국에서 건설 자금을 빌리다 보니 빚이 엄청나게 쌓였거든. 파산 직전의 이집트는 어쩔 수 없이 운하 운영권을 영국에 넘겼어. 운하를 손에 넣은 영국은 본격적으로 이집트에 간섭하기 시작했지.

그러자 <mark>아라비 파샤</mark>가 주도하여 영국의 간섭에 반대하는 혁명을 일으켰어.

"이집트인을 위한 이집트를 건설하자!"

많은 이집트인이 참여해 영국과 싸웠지만, 영국은 수에즈 운하와 영국인을 보호한다는 이유로 군대를 보내 이 혁명을 진압했어. 영국군은 수도 카이로를 차지한 후 이집트를 ★<mark>보호국</mark>으로 삼았지.

★ **보호국** 다른 나라의 보호를 받으며 내정과 외교 등에서 간섭을 받는 국가.

아라비 파샤

수에즈 운하를 차지한 영국이 사사건건 이집트에 간섭하자 분노한 아라비 파샤는 군대를 이끌고 혁명을 일으켜 영국을 몰아내는 데 앞장섰어. 아라비 파샤가 영국의 군대에 체포당하면서 그의 혁명은 실패로 끝났지만, 그는 지금도 이집트인들에게 '독립의 아버지'라 불리고 있어.

▶ 수에즈 운하의 개통과 영향 ▼

수에즈 운하는 아프리카를 빙 돌지 않고도 지중해에서 곧장 인도로 갈 수 있는 길을 만들어 주었어. 덕분에 유럽에서 인도까지의 항해 거리가 약 1만 km 정도 줄어들었지. 원래 인도까지 가는 데 걸린 시간의 3분의 1이 줄든 거야! 지금도 하루 100척 넘는 배가 수에즈 운하를 통과하고 있어. 하지만 수에즈 운하 건설 과정에서 많은 이집트인이 힘겨운 노동과 굶주림에 시달렸고, 결국 수에즈 운하는 영국이 이집트를 보호국으로 만드는 구실이 되었어.

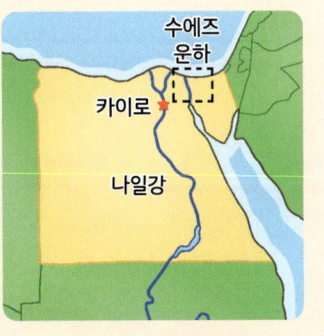

맞으면 O, 틀리면 X

1 수에즈 운하를 완성한 이후 이집트는 막대한 돈을 벌었다. ☐

2 아라비 파샤는 이집트 민족 운동을 이끈 지도자다. ☐

 19세기 아프리카

137 아프리카, 제국주의에 온몸으로 저항하다

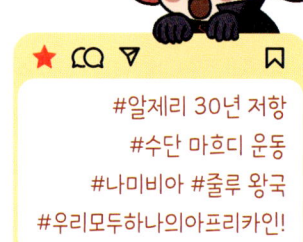

#알제리 30년 저항
#수단 마흐디 운동
#나미비아 #줄루 왕국
#우리모두하나의아프리카인!

아프리카인들도 제국주의 국가들의 침략에 당하고만 있지는 않았어. 강력한 유럽 군대의 공격에 아프리카인 대부분은 무릎을 꿇었지만, 자신의 땅을 지켜 내려는 노력을 멈추지 않았지.

1830년 북아프리카의 <u>알제리</u>는 프랑스의 공격을 받았어. 프랑스는 15일이면 알제리를 정복할 수 있다며 얕잡아 봤지만, 알제리 저항군은 프랑스에 맞서 싸우며 30년을 버텼지. 프랑스는 당시 프랑스군의 3분의 1을 동원해서야 알제리를 점령할 수 있었어.

나일강 상류의 <u>수단</u>은 영국의 공격을 받았어. 이때 무함마드 아흐마드라는 사람이 등장해서 사람들을 모았지.

"나는 수단을 구할 이슬람의 구세주, 마흐디다. 함께 사악한 영국인을 몰아내자!"

영국에 맞서 싸운 이 운동을 '마흐디 운동'이라고 해. 마흐디군은 용감하게 영국군을 무찌르며 세력을 넓혀 갔지만, 활과 창을 든 마흐디군이 영국의 ★기관총 같은 최신 무기를 이겨 내기는 어려웠어. 마흐디군 1만 명이 목숨을 잃었고 결국 수단은 영국의 지배를 받게 되었지.

아프리카 남서부 해안가의 나미비아는 독일의 침략을 받았어. 독일 점령군은 나미비아 원주민들의 땅과 가축을 마음대로 빼앗고 괴롭혔지. 원주민 부족 중 하나인 헤레로족이 참다못해 봉기를 일으켰어.

"형제들이여, 우리의 것을 빼앗는 독일에 맞서 싸웁시다!"

독일은 저항하는 헤레로족을 사막 한가운데로 몰아넣은 후 무차별 총격을 가했어. 헤레로족 인구의 80%가 그 자리에서 살해되었다고 해. 살아남은 사람들은 ★수용소로 끌려가 가혹한 고문을 당했고, 강제 노동, 영양실조로 죽음을 맞았지.

19세기 중반에 남아프리카의 줄루 왕국에서 다이아몬드 광산이 발견되자 영국군이 달려들었어. 줄루 왕국 사람들은 영국 군대의 침략에 맞서 싸웠지만 당해 낼 수 없었어. 줄루 왕국의 다이아몬드는 영국이 차지하게 되었지.

그러나 대부분 실패로 끝난 아프리카인들의 투쟁이 결코 헛된 것만은 아니었어. 종족, 부족에 상관없이 침략자에 맞서 힘을 모으면서 '우리 모두 하나의 아프리카인'이라는 의식이 싹트게 되었거든.

낱말 체크

★ **기관총** 탄알을 연속으로 쏠 수 있게 만든 총.

★ **수용소** 많은 사람을 집단적으로 가두거나 모아 넣는 곳.

나미비아에 사죄한 독일

나미비아의 헤레로족 등 여러 부족은 독일군에 의해 거의 전멸에 이르렀어. 하지만 독일 정부는 자신들이 저지른 일에 대해 공식적인 사과와 배상을 거부해 왔지. 국제 사회의 비난이 계속되자 독일은 나미비아와 이 문제를 이야기하기 시작했어. 오랜 협상 끝에 지난 2021년, 독일이 나미비아에서 저지른 일을 '학살'로 인정하고 후손들에게 용서를 구하며 지원금을 약속했어.

▶ 독립국 에티오피아 ▼

에티오피아의 왕 메넬리크 2세는 제국주의 침략에 대비해 철도와 학교를 세우고 군대를 훈련시키는 등 나라 발전에 힘을 쏟았어. 에티오피아가 제국주의 침략 위협을 받기 시작하자 신식 무기를 들여와 11만의 군사를 무장시켰지. 이런 발 빠른 준비 덕분에 1895년 이탈리아가 침략해 왔을 때 에티오피아군은 이탈리아를 크게 물리치고 나라를 지켜 낼 수 있었어.

메넬리크 2세

쏙쏙 퀴즈 맞는 것 고르기

1 알제리는 (프랑스/독일)에 맞서 30년을 저항했다.

2 수단에서 영국에 맞서 싸운 운동을 (마흐디/세포이) 운동이라고 한다.

19~20세기 남아시아

138 인도의 세포이, 영국에 맞서 일어나다

#세포이의 항쟁
#인도 국민 회의
#벵골 분할령
#해가지지않는나라영국의실체

플라시 전투에서 승리한 영국은 본격적으로 인도를 식민지로 지배하기 시작했어. 인도 땅 곳곳에 면화를 키우게 한 뒤 싼값에 영국으로 가져갔지. 그리고 그 면화를 원료로 영국 공장에서 면직물을 대량 생산해 다시 인도에 팔았어.

물레와 베틀로 면직물을 짜 오던 인도의 수공업자들은 하루아침에 ★실업자가 되었고, 인도의 면직물 산업은 빠르게 몰락했어. 영국은 인도 농민들에게 무거운 세금을 물리거나 크리스트교를 믿으라 강요했고, 인도의 전통문화를 파괴하기도 했지. 영국의 지배에 대한 인도인의 불만은 점점 커져만 갔고 결국 1857년, **세포이의 항쟁**이 터져 버렸어. 세포이는 영국 동인도 회사에서 일하는 인도인 병사들을 뜻해.

세포이는 동인도 회사로부터 총과 탄약 주머니를 받았어. 탄약 주머니를 입으로 뜯어 안에 들어 있는 총알과 화약을 직접 총에 넣고 싸워야 했지.

"탄약 주머니에 소기름과 돼지기름이 발라져 있대!"

인도 사람들은 거의 다 힌두교나 이슬람교를 믿었는데 힌두교에선 소를 신성시하고, 이슬람교에선 돼지를 부정적으로 여겼어. 그래서 소나 돼지를 먹지 않아. 입에 대면 안 되는 동물의 기름이 탄약 주머니에 발라져 있다는 소문에 모욕감을 느낀 세포이들은 영국에 맞서 들고일어났지. 이것이 세포이의 항쟁이야. 항쟁은 인도 곳곳으로 퍼져 나갔지만, 영국군의 공격에 세포이들은 1년 만에 무릎을 꿇었지.

영국은 인도의 통치 방법을 바꿔야겠다고 생각했어. 동인도 회사를 없애고 영국의 빅토리아 여왕이 인도의 황제가 되어 인도를 직접 지배하기로 한 거야.

이후 인도인들이 다시 영국에 저항하려 하자 영국은 인도 지식인들을 설득해 **인도 국민 회의**를 만들게 했어. 처음에 인도 국민 회의는 영국 정부에 협조하는 모습을 보였지만, 영국이 인도의 벵골 지역을 동서로 나누어 통치하겠다고 하자 영국에 저항하는 데 앞장서기 시작했지. 인도 국민 회의의 저항이 계속되자 영국은 **벵골 분할령**을 없던 일로 하겠다고 발표했어. 인도인들은 이렇게 힘을 모아 영국에 맞서 싸우면 곧 영국의 지배에서 벗어날 수 있을 거라 생각했어. 하지만 영국의 지배에서 벗어나는 건 쉬운 일이 아니었어.

 **낱말 체크**

★ **실업자** 직업을 잃은 사람.

벵골 분할령

영국은 벵골 지역을 힌두교도가 많은 서쪽과 이슬람교도가 많은 동쪽으로 나누어 다스리겠다고 했어. 영국은 벵골 지역이 넓고 인구가 많아 둘로 나눠 다스리는 것뿐이라고 했지만 인도 국민 회의는 종교적 갈등을 부추기려는 영국의 속셈을 알고 있었지. 벵골 분할령은 인도 국민 회의가 영국에 협조를 멈추고 영국에 반대하는 운동을 시작하는 계기가 되었어.

▶ 인도의 힌두교와 이슬람교의 갈등 ▼

이슬람교를 믿는 무굴 제국이 인도 대부분 땅을 차지하면서 힌두교와 종교 갈등이 생겨났어. 무굴 제국의 아우랑제브 황제 같은 사람은 이슬람교 외의 다른 종교를 믿는 사람들을 괴롭혔거든. 이후 인도를 지배하게 된 영국은 두 종교 간의 갈등을 인도 지배에 이용하려 했어. 영국 지배에 협조적인 소수의 이슬람교도를 이용해 영국에 저항하는 다수의 힌두교도를 통치하려 한 거야. 벵골 분할령도 한 지역에서 같이 살아가던 인도인들의 종교 갈등을 부추겨서 인도 독립운동의 힘을 약하게 만들기 위한 수단이었어.

쏙쏙 퀴즈 맞으면 O, 틀리면 X

1 세포이는 영국 동인도 회사에서 일하는 인도인 병사를 뜻한다. ☐

2 인도 국민 회의는 영국의 벵골 분할령을 지지하였다. ☐

동남아시아의 민족 운동

동남아시아도 제국주의의 칼날을 피해 갈 수 없었어. 20세기가 되기 전에 태국을 제외한 동남아시아 모든 나라가 유럽 여러 나라의 식민지가 되었으니까. 그럼에도 동남아시아 각국에서는 식민 지배에서 벗어나 새로운 국가를 세우려는 노력이 계속됐어.

 태국의 개혁에 앞장선 라마 5세(1853~1910)

태국의 왕 라마 4세는 어린 시절 서양 선교사로부터 영어와 서양 문물을 배우며 그들이 얼마나 강한지 알게 되었어. 왕이 된 후, 서양 국가들로부터 독립을 지켜 내기 위해 '바람에 휘지만 꺾이지는 않는다.'는 의미의 '대나무 외교'를 펼쳤지.

라마 4세에 이어 쭐랄롱꼰이 열다섯 살 어린 나이에 라마 5세로 왕위에 올랐어. 태국 역사상 가장 존경받는 왕으로 꼽히는 그는 즉위와 동시에 개혁을 주도했어. 우선 왕 앞에 엎드려 머리를 조아리는 인사법을 없애고 노예 제도도 폐지했어. 운하와 도로를 건설하고 병원과 학교를 세우며 서양식 발전을 해 나갔지. 영국과 프랑스가 동남아시아에서 식민지를 넓히며 태국을 압박하자 유럽 국가들을 직접 찾아다니며 외교 활동을 벌였어. 결국 태국은 영국과 프랑스 사이의 완충 지대로 인정받아 독립을 유지할 수 있었어.

 베트남의 독립운동가, 판보이쩌우(1867~1940)

1885년 베트남이 프랑스의 식민지가 된 후 베트남 각지의 유학자들은 '서양 오랑캐로부터 황제를 지켜 내자.'며 의병을 일으켰어. 농민들도 함께 참여해 칼과 농기구를 들고 프랑스군과 맞서 싸웠지. 그러나 프랑스군의 가혹한 탄압으로 점차 힘을 잃어 갔어.

판보이쩌우는 베트남 독립을 위해서는 우선 서양 문물을 받아들여 발전하는 것이 중요하다고 생각했어. 당시 일본이 서양 문물을 받아들여 여러 전쟁에서 승리하는 것을 보고 자극을 받은 거지. 판보이쩌우는 베트남의 젊은 인재들을 일본에 유학 보내 새로운 문물과 제도를 배워 오도록 하는 '동유 운동'을 벌였어. 1905년부터 3년 동안 200명이 넘는 젊은이들이 일본으로 향했지. 프랑스의 탄압이 계속되자 그는 일본, 중국을 옮겨 다니며 베트남 독립에 대한 지원을 요청하기도 했어. 판보이쩌우가 죽은 후에도 그의 영향을 받은 젊은이들이 베트남 독립운동을 이어 나가게 돼.

 필리핀 '독립의 아버지', 호세 리살(1861~1896)

필리핀

필리핀은 동남아시아 국가 중 가장 먼저 식민지가 되어 에스파냐의 지배를 받았어. 부유한 집안에서 태어나 의사로 일하던 호세 리살은 《나에게 손대지 말라》라는 소설을 써 에스파냐의 잔인한 통치 방식을 고발했어. 학교를 세워 학생들에게 독립 의지를 일깨웠고, '필리핀 민족 동맹'이라는 단체를 만들어 에스파냐인과 필리핀인을 똑같이 대우해 달라고 요구했지.

호세 리살이 독립운동을 하다 처형된 이후 필리핀의 독립운동은 더 활발해졌어. 마침 필리핀을 두고 미국과 에스파냐 사이에 전쟁이 일어났지. 미국과 손잡은 필리핀은 에스파냐 군대를 몰아낸 후 필리핀 공화국을 선포했어. 그런데 필리핀 독립을 지지한다던 미국이 갑자기 말을 바꿔 필리핀을 공격하기 시작했어. 침략자가 된 미국은 군대를 동원해 저항하는 필리핀 사람들을 진압했어. 3년 동안 필리핀 사람 60만 명이 사망했다고 해. 필리핀은 미국의 지배를 받게 되었고 40년이 더 지나서야 미국으로부터 독립하여 필리핀 공화국을 세우게 되었어.

 1840년 동아시아

139 청나라, 아편 전쟁으로 나라의 문을 열다

#영국과 청의 무역
#영국의 아편 판매
#아편 전쟁 #난징 조약
#중국은마약이라면치가떨려

영국은 청나라와의 무역에 불만이 많았어. **광저우**에 있는 하나의 항구만 이용할 수 있었고, 특정 상인들과만 무역할 수 있었거든. 청나라 황제는 영국이 자유롭게 무역할 수 있게 해 주지 않았어.

게다가 청과의 무역에서 영국은 늘 적자였어. 당시 무역에서는 은을 돈처럼 사용했는데, 영국은 엄청난 양의 은으로 청나라산 차와 도자기를 구매했어. 반면에 면직물처럼 영국의 공장에서 생산되는 물건은 좀처럼 팔지 못했지. 영국은 은이 청나라로 흘러 들어가는 것을 지켜만 볼 수 없었어. 청나라에 팔 새로운 물건을 찾던 중 ★마약의 한 종류인 **아편**을 떠올렸지. 영국은 인도에서 아편을 키워 청나라에 몰래 가져다 팔았어.

"아편 중독자들이 아편을 사겠다고 가족까지 판답니다."

아편은 큰 사회적, 경제적 문제가 되었어. 아편값으로 대량의 은이

영국으로 빠져나가자 은의 가격이 올랐고, 은으로 세금을 내는 농민의 삶도 힘들어졌지.

청나라 황제는 아편 문제를 해결하기 위해 관리 임칙서를 광저우 항구로 보냈어. 임칙서는 영국 상인이 가진 아편을 모두 빼앗아 없애고 영국 상인들을 쫓아냈지. 이 소식을 들은 영국 정부는 청나라와의 전쟁을 결정했어. 이렇게 시작된 전쟁을 **아편 전쟁**이라고 해.

1840년 영국은 최신식 군함으로 청나라 항구들을 닥치는 대로 공격했어. 청나라는 영국의 상대가 되지 않았지. 결국 항복한 청나라는 영국과 **난징 조약**을 맺었어. 청나라가 서양에 처음으로 나라의 문을 열게 되는 조약이었지. 조약에 따라 청나라는 영국에 ★배상금을 내고, 홍콩 땅까지 넘겨주게 되었어. 또 5개 항구를 열어 영국 상인들이 자유롭게 무역을 할 수 있게 했지.

1856년에는 청나라 관리가 영국의 해적선 애로호를 조사하는 과정에서 영국인 선원을 체포하고 영국 국기를 끌어 내리는 사건이 터졌어. 이 이유로 영국은 프랑스와 함께 또다시 청을 침략했어. 이번에 청나라는 수도 베이징까지 무너지며 더 크게 패했지.

"우리 청나라가 세상의 중심인 줄 알았는데, 아니었나 봐."

청은 영국에 더 많은 항구를 열어야 했고 외국인들이 청나라에서 자유롭게 다니는 것을 허락해 주었지. 청나라 사람들은 두 차례의 아편 전쟁에 패배하며 자존심이 많이 상했어.

낱말 체크

★ **마약** 마취를 위해 의료에 사용되기도 하지만, 중독성이 있고 부작용이 심해 정신적·육체적으로 큰 해로움을 끼치는 물질.

★ **배상금** 남에게 입힌 손해에 대해 물어 주는 돈.

홍콩

중국 남쪽의 작은 섬 홍콩은 멋진 야경으로 유명한 국제도시야. 난징 조약을 통해 영국의 영토가 되었다가 150년만인 1997년에 중국에 반환되었어. 지금은 중국 땅이 되었지만 특별 행정구이기 때문에 정치·외교 등에서 일부 독립성을 인정받고 있어. 올림픽에도 중국과 별도로 홍콩이란 이름으로 참가하고 있지.

홍콩 문장

청과 영국의 무역 변화

아편은 양귀비 즙으로 만든 마약의 일종이야. 아편은 부자, 농민을 막론하고 청나라에 널리 퍼졌지. 아편에 중독된 사람은 병자가 되거나 빚더미에 앉았어. 이러한 문제를 막기 위해 청나라는 아편의 유통을 반드시 막아야 했지. 18세기에 영국은 차와 비단 등을 구입하기 위해 청에 막대한 양의 은을 지불했지만, 19세기에는 삼각 무역을 통해 다시 은을 회수할 수 있었어.

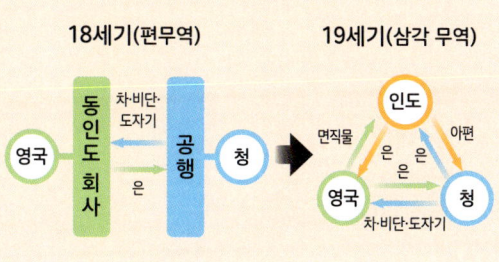

쏙쏙 퀴즈 맞으면 O, 틀리면 X

1. 영국은 청과의 무역에서 적자를 내자, 청에 몰래 아편을 팔았다.

2. 청은 영국과의 전쟁에서 패배한 후 영국과 광저우 조약을 맺었다.

140 태평천국 운동, 새로운 나라를 꿈꾸다

 1851년 동아시아

#홍수전
#태평천국 운동
#한족 신사층 #이홍장
#예수의동생인데홍씨?

아편 전쟁 이전부터 청나라는 흔들리고 있었어. 인구가 갑자기 늘어나자 농사지을 땅이 부족해진 농민들은 살길을 찾기 위해 ★도적이 되기도 했지. 그러다 아편 전쟁에 패배한 청나라 정부가 영국에 배상금을 내려고 세금을 늘리자 농민들의 분노는 폭발했어.

"당장 먹을 것도 없는데 세금이라니!"

1851년 광시성의 농민들이 청나라를 무너뜨리자며 들고일어났어. 이 농민들을 이끈 사람은 **홍수전**. 그는 크리스트교의 영향을 받아 스스로를 예수의 동생이라 칭했어. 그리고 하느님의 뜻에 따라 모두가 평등한 천국 같은 나라를 세우자고 외쳤지.

"만주족이 세운 청을 무너뜨리고 새로운 한족의 나라를 세웁시다!"

이 운동을 **태평천국 운동**이라 불러. 태평천국 군대는 가는 곳마다

세금을 줄여 주고 부자들을 혼내 주면서 농민들의 지지를 받았어. 지지자들은 점점 늘어났고, 청나라군은 도저히 태평천국 군대를 막을 수 없었지. 태평천국 군대는 어느덧 강남 지역을 차지하고 난징을 점령해 태평천국의 수도로 삼았어.

홍수전은 이곳에서 모든 사람이 평등하게 땅을 나눠 농사짓고 함께 나눠 먹는 '천조전무 제도'를 주장했어. 또 여성의 발을 묶는 전족이나 ★첩을 두는 전통을 없애면서 남녀평등을 실천했지. 만주족의 풍습인 변발, 술과 도박, 아편도 금지했어. 농민들은 이런 개혁에 환호했고, 태평천국 군대는 어느덧 청나라 황제가 사는 베이징까지 다가갔어.

"지방에 사는 한족 신사들에게 도움을 청해야겠어."

청나라 정부는 어떻게 해서든 태평천국 운동을 막기 위해 결국 한족들의 힘을 빌리기로 했어. 유학을 공부하고 지방에서 조용히 마을을 지배하며 살아가던 한족 신사층들에게도 태평천국 운동은 위협이 되었거든. 한족 신사층은 군대를 조직해 태평천국 군대와 맞서 싸웠어. 영국인 장교가 훈련시킨 중국인 군대도 태평천국 군대를 무너뜨리는 데 중요한 역할을 했지.

"천국 같은 나라를 만들려던 우리의 싸움은 이렇게 끝나는구나."

태평천국군은 결국 진압되고 말아. 이후 태평천국 운동을 막아 내며 큰 공을 세운 이홍장 등 한족 신사층이 청나라의 새로운 정치 세력으로 떠올랐어. 이들은 지방의 총독이 되어 청나라를 위한 새로운 개혁을 시작하게 돼.

낱말 체크

★ **도적** 남의 물건을 훔치거나 빼앗는 짓을 하는 사람.

★ **첩** 정식 아내 외에 데리고 사는 여자.

천조전무 제도

천조는 태평천국 왕조, 전무는 토지를 의미해. 남녀 차별 없이 가족 수에 따라 땅을 모두에게 똑같이 나누어 주고, 함께 농사지은 뒤 먹고 남는 식량은 공동체가 공동으로 갖기로 했지. 토지와 식량을 개인의 재산이 아니라 모두의 재산으로 만들어 평등한 세상을 만들려고 한 거야.

▶ 전족 ▼

중국 사람들은 여자의 발이 작으면 작을수록 아름답다고 생각했대. 그래서 어릴 때부터 발이 자라지 못하게 천으로 싸매고 작은 신발을 신겼지. 억지로 묶인 발은 뒤틀리고 뼈가 휘어져 기형이 되었고 여성들은 엄청난 고통에 시달렸어. 어른이 된 뒤에도 제대로 서거나 걷기가 힘들었다. 태평천국 운동에서는 전족 같은 나쁜 전통을 없애자고 한 거야.

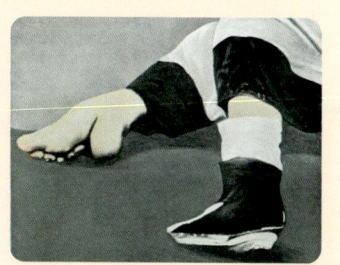

쏙쏙 퀴즈 맞는 것 고르기

1 (홍수전 / 이홍장)은 태평천국 운동을 주도했다.

2 (만주족 / 한족) 신사층은 군대를 조직해 태평천국 군대와 맞서 싸웠다.

 1861~1898년 　동아시아

141 중국, 서양을 배워 개혁을 시도하다

#양무운동 #중체서용
#청일 전쟁 패배
#캉유웨이 #변법자강 운동
#두운동모두실패로끝남ㅠ

청나라 사람들은 아편 전쟁과 태평천국 운동을 겪으며 서양의 군사력과 기술이 얼마나 대단한지 깨닫게 되었어. 중요 정치인으로 떠오른 한족 신사층, 이홍장도 그런 사람 중 하나였지.

"우리도 하루빨리 서양의 과학 기술과 무기, 군대 지식을 배워야 합니다!"

이 운동을 '서양'의 '양'에 '힘쓰다, 배우다' 뜻을 가진 '무'를 합친 말인 **양무운동**이라고 해. 이들은 먼저 서양으로부터 무기와 군함을 사들이고 전문가를 불러 군인들을 훈련시켰어. 또 전국에 ★군수 공장과 ★조선소, 제철소 등을 세워 직접 군수품을 만들었지. 해외로 유학생을 보내 새로운 기술도 배워 오도록 했어. 약 30년 동안 이어진 양무운동을 통해 인재들이 늘어나면서 청나라는 변화의 모습을 보이기

시작했지.

그러나 양무운동은 서양에서 기술을 배우되 문화와 제도는 중국의 것을 고집하는 **중체서용**을 목표로 했기 때문에 개혁이 제대로 이루어질 수 없었어. 조선 지배를 놓고 일본과 싸운 **청일 전쟁**에서 청나라가 패배하면서 서양 기술만으로는 나라를 강하게 만들 수 없다는 것이 확실해졌지. 양무운동은 이렇게 실패로 끝났어.

그 무렵 전쟁에서 패배한 청나라에 외세의 간섭이 더 심해지자, 청나라의 지식인 **캉유웨이**는 개혁의 필요성을 느꼈어. 캉유웨이가 생각한 개혁은 서양 기술뿐 아니라 민주주의 같은 서양의 정치 제도까지 받아들여 모든 것을 바꾸는 것이었지. 일본이 청일 전쟁에서 승리할 수 있었던 것도 그런 개혁에 성공했기 때문이라고 생각한 거야. 캉유웨이는 청나라 황제를 설득해 과감한 개혁을 시작했어.

캉유웨이는 의회를 세우고 헌법을 만들어 서양식 입헌 군주국을 만들겠다고 발표했어. 서양식 교육과 신식 군대를 키우는 개혁도 실시했지. 캉유웨이의 이 개혁을 **변법자강 운동**이라고 불러. 법을 변화시켜 스스로 강해지는 운동이라는 뜻이지.

그러나 청의 권력을 장악하고 황제의 머리 꼭대기에 앉아 있었던 서태후는 자신의 권력이 약해질까 봐 이 개혁에 찬성하지 않았어. 서태후는 군대를 동원해 변법자강 운동을 막았지. 캉유웨이가 야심차게 시작한 변법자강 운동은 결국 100일 만에 중단되었어.

낱말 체크

★ **군수** 군사상 필요한 것.
★ **조선소** 배를 만들거나 고치는 곳.

중체서용 (中體西用)

중국의 유교 전통과 황제 중심의 정치 체제는 그대로 유지하면서[중체] 무기 제작 같은 실용적인 기술만을 서양에게 배우자[서용]는 거야. 전통과 문화, 정치 제도는 중국이 서양보다 우수하다는 생각에서 나온 거지.

캉유웨이

청나라의 관리로 변법자강 운동을 주도했어.

▶ 입헌 군주제 ▼

청나라는 변법자강 운동을 통해 입헌 군주제를 시도했어. 앞에서 봤던 오스만 제국이나 이란도 국민들이 앞장서서 입헌 군주제로 개혁을 주장했고, 일본은 개혁을 통해 입헌 군주제 국가로 변신하는 데 성공했지. 입헌 군주제가 뭐길래 이렇게 여러 나라들이 개혁을 시도하는 걸까? 입헌 군주제는 의회에서 의원들이 모여 헌법을 만들고, 국왕이 헌법에 따라 나라를 통치해 나가는 정치 방식이야. 입헌 군주제가 실시되면 국왕은 마음대로 권력을 휘두를 수 없지. 헌법을 지켜야 하거든. 그리고 실제 나라의 통치는 의회와 정부가 주도하지.

쏙쏙 퀴즈 맞는 것 고르기

1 (양무/변법자강) 운동은 중체서용을 목표로 했다.

2 (서태후/캉유웨이)는 청일 전쟁 이후 개혁의 필요성을 강조했다.

1861~1908년 동아시아

142 서태후, 청의 몰락을 앞당기다

#광서제
#서태후 #무술정변
#의화단 운동
#권력욕심부리다나라망함

서태후는 청나라 아홉 번째 황제의 후궁으로, 황제의 첫아들을 낳았어. 그러다 아들이 6살 때 황제로 즉위하자 *황태후의 자리에 올랐지. 자금성 서쪽에 살았다고 해서 서쪽의 태후, **서태후**라고 불려.

"황제는 어리니 정치는 어머니인 나에게 맡기세요."

서태후는 어린 황제를 대신해 나랏일을 했어. 황제는 서태후의 그늘 속에서 방황하다 19살의 나이에 세상을 떠났지. 서태후는 바로 자신의 4살짜리 조카를 황제 자리에 앉혔어. 이 어린 황제, **광서제**를 앞세워 또다시 청나라의 모든 권력을 차지하였지.

그러나 성인이 된 광서제는 청나라 개혁을 위해 캉유웨이와 손잡고 변법자강 운동을 추진했어. 광서제는 개혁에 반대하는 서태후를 제거할 계획까지 세웠지만 결국 서태후에게 그 사실을 들키고 말아.

화가 난 서태후는 광서제를 자금성에 가두어 버렸어. 그리고 개혁을 반대하는 보수 세력과 함께 변법자강 운동에서 실시한 개혁들을 전부 취소시켰지. 이 반란이 무술년에 일어났다고 해서 '무술정변'이라고 해 (1898).

개혁이 모두 실패하자 서양 국가들은 더 거세게 청나라를 침략해 왔어. 이 시기 의화단이라는 비밀 조직이 만들어져 '서양 세력을 몰아내고 청을 지키자.'는 의화단 운동이 시작되었지.

"서양이 만든 모든 것을 파괴하자!"

의화단은 서양인은 물론 서양 세력이 만든 교회, 철도 등의 시설들을 공격하며 베이징까지 쳐들어갔어. 그러나 서태후는 의화단을 막지 않고 오히려 응원했지. 결국 서양 8개 국가가 의화단을 막기 위해 청나라에 군대를 보내 베이징을 쑥대밭으로 만들고 의화단을 잡아 잔인하게 ★학살했어. 그리고 청나라에게 엄청난 배상금을 요구했지. 여기에 자국민을 보호하겠다며 베이징에 군대를 두겠다는 서양의 요구를 받아들이면서 청나라는 서양 세력에 둘러싸이게 되었어.

몇 년 후 광서제가 사망하자 서태후는 광서제의 3살짜리 조카 푸이를 황제로 만들어 자신이 계속 청나라의 모든 권력을 독차지할 준비를 했어. 그러나 서태후도 광서제에 이어 곧 죽음을 맞았지. 청나라의 미래보다 자신의 권력 유지를 더 중요하게 생각했던 서태후는 지금도 청나라의 몰락을 앞당긴 인물로 평가받고 있어.

낱말 체크

★ 황태후 황제의 살아 있는 어머니.

★ 학살 많은 사람들을 가혹하게 마구 죽이는 일.

의화단

의화단은 농촌에서 의화권이라는 무술을 수련하던 비밀 종교 단체였어. 의화권을 배우면 칼이나 창을 맞아도 끄떡없다며 사람들을 모았지. 서양 문물이 들어오면서 일자리를 잃은 사람들이 의화단에 많이 가입했어. 그들은 철도가 자신의 일자리를 빼앗았다고 생각해 가는 곳마다 철도를 보면 망치나 도끼로 파괴했지.

▶ 서태후의 사치스런 생활 ▼

서태후는 베이징에 이화원이라는 황실 정원을 꾸며 놓고 살면서 어마어마한 돈을 썼어. 화려한 양말이나 수건은 한 번만 쓰고 버렸고, 식사 한 끼에 청나라 농민 1년 치 식비에 맞먹는 돈이 들어갔대. 공장과 군함에 투자할 돈이 서태후의 사치 생활에 쓰였기 때문에 청나라가 청일 전쟁에서 패배한 것이라는 이야기도 있어.

쏙쏙 퀴즈 맞으면 O, 틀리면 X

1 의화단은 서양의 문물과 제도를 받아들이자고 주장했다. ☐

2 광서제 사망 후 서태후는 여황제로 즉위했다. ☐

143 쑨원, 중화민국을 수립하다

#쑨원 #삼민주의
#신해혁명 #중화민국
#위안스카이 #군벌
#중국최고의배신자는?

의화단 운동 이후 청나라에 대한 외세의 간섭은 더욱 심해졌어. 서양 국가들은 철도 건설이나 광산 개발 같은, 돈이 될 만한 사업권을 마구 뺏어 갔지. 청나라 정부는 새로운 개혁을 시도했지만 제대로 이뤄지지 않았고, 외세의 침략을 막기에는 힘이 약했어.

이때 서양 문물을 일찍이 받아들여 의사가 된 쑨원은 청일 전쟁 패배에 충격을 받고 나라를 구하는 혁명을 꿈꾸게 되었어. 그래서 일본 도쿄에서 단체를 만들고 혁명 준비에 들어갔지. 쑨원은 혁명의 목표로 민족·민권·민생의 삼민주의를 내세웠어.

"한족의 나라를 세우고, 국민이 나라의 주인이 되어 잘 살 수 있어야 합니다!"

쑨원이 해외에서 혁명을 준비하던 1911년, 청 정부가 철도를 차지

하고 이를 이용해 외국에 돈을 빌리려 한다는 소문에 화가 난 혁명파 군인들이 우창 지방에서 봉기를 일으켰어. 이는 전국으로 퍼져 나갔고, 전국 대부분의 *성들이 청으로부터 독립하겠다고 선언했지. 신해년에 일어난 이 사건을 신해혁명이라고 해. 쑨원은 서둘러 중국으로 돌아갔지.

1912년에 혁명 세력은 쑨원을 임시 대총통으로 *선출하고 난징을 수도로 중화민국이라는 나라를 세웠어. 중국 최초의 *공화국이 탄생한 거야. 그러나 베이징에 청 황제가 여전히 남아 있었지. 이때 쑨원은 많은 군대를 거느린 장군 위안스카이에게 한 가지 제안을 했어.

"당신이 두 가지 약속을 지켜 준다면 중화민국 대총통 자리를 당신에게 넘기겠소. 청 황제를 물러나게 할 것, 그리고 공화국 형태를 유지해 줄 것."

쑨원의 제안대로 위안스카이는 황제 푸이를 물러나게 했어. 청나라는 이제 멸망한 거야. 하지만 대총통 자리를 넘겨받은 위안스카이는 자신이 직접 황제가 되고 싶어 했지. 그래서 음모를 꾸미지만 병으로 갑자기 세상을 떠나고 말아.

이제 중화민국은 엄청난 혼란 속으로 빠져들었어. 위안스카이 같은 군인들이 각지에서 세력을 일으켜 권력을 두고 서로 다투기 시작했거든. 이들을 군벌 세력이라고 불러. 군벌 세력은 자신들의 권력과 이익만 생각할 뿐 국민들의 삶에는 전혀 관심이 없었어. 일본 등 제국주의 국가와 손을 잡기도 했지. 군벌 세력에 대한 국민들의 불만은 점점 높아 갔어.

낱말 체크

★ 성(省) 중국의 행정 구역으로 대한민국의 '도'에 해당함.
★ 선출 여럿 가운데서 골라냄.
★ 공화국 국민들이 대표를 뽑아 통치하는 나라.

위안스카이

위안스카이는 의화단 운동을 막아 내 출세한 군사 전문가야. 신해혁명 당시 쑨원과의 협상으로 청 황실을 배신했지. 하지만 쑨원과의 약속도 지키지 않았어. 예전 변법자강 운동 때 서태후에게 광서제의 계획을 일러바친 사람이기도 해. 그는 중국 역사상 최고의 배신자로 평가받고 있어.

▶ 마지막 황제, 푸이 ▼

3살에 황제가 된 푸이는 신해혁명으로 7살 때 황제 자리에서 내려야 했어. 이로써 청은 300년 만에 역사 속으로 사라지게 되었지. 하지만 푸이는 이후 일본이 만주를 침략해 세운 만주국의 황제 자리에도 오르게 돼. 거기에서 일본의 꼭두각시 노릇을 하다가 만주국이 무너지자 전쟁 범죄자로 몰려 감옥에 갇혔고, 풀려나서는 식물원에서 일하기도 했어. 혼란스러운 중국 역사 속에서 참 파란만장한 인생을 살았던 인물이지.

쏙쏙 퀴즈 맞는 것 고르기

1 쑨원은 (갑오개혁/신해혁명)으로 중화민국을 수립했다.

2 위안스카이가 죽은 후에 (군벌/재벌) 세력이 권력을 두고 다퉜다.

1854년 동아시아

144 일본, 나라의 문을 활짝 열다

#미일 화친 조약
#미일 수호 통상 조약
#존왕양이 운동
#돌고돌아천황이권력잡음

1853년, 에도 근처의 한 항구에 정체 모를 ★비범한 배들이 나타났어. 최신식 대포가 설치된 군함이었지. 여기에는 미국의 해군 ★제독 **페리**가 타고 있었어.

"문 열고 미국과 무역하자. 그렇지 않으면 전쟁이다!"

미국은 태평양을 건널 때 물자와 연료를 줄 중간 정류장이 필요했는데, 일본이 제격이라 생각했어. 그래서 나라의 문을 열라고 협박했지. 에도 막부의 쇼군은 고민에 빠졌어. 막부는 그동안 나가사키에서 이루어지는 네덜란드와의 무역 외에는 서양의 무역 요구를 모두 거절하고 있었거든. 미국의 요구를 받아들이자니 서양에게 문을 완전히 열게 되고, 거절하자니 전쟁이 날까 봐 두려웠지.

막부는 결국 미국의 요구를 받아들여 1854년 '**미일 화친 조약**'을 맺

었어. 일본은 두 곳의 항구를 열어 미국 선박이 이곳에 머무르는 것을 허용하고 식량과 연료를 제공해야 했지. 에도 막부는 뒤이어 영국, 러시아, 네덜란드 등 서양과도 비슷한 조약을 맺었어.

그러나 미국은 조약 하나로는 만족하지 못했는지, 1858년 일본을 다시 찾아와 '**미일 수호 통상 조약**'을 강요해 ★체결했어. 일본은 항구를 더 열어야 하고, 일본에 머무르는 미국인은 미국법으로 재판한다는 내용(치외 법권)이 있어, 일본에게 불평등한 조약이었지.

"오랑캐의 요구를 들어주다니… 막부는 무능력해!"

지방의 하급 무사들은 천황의 뜻을 어기고 서양과 굴욕적인 조약을 맺은 막부에 불만을 나타내기 시작했어. 이들은 '천황(왕)을 존중하고 오랑캐(이)를 쫓아낸다.'는 뜻의 '**존왕양이 운동**'을 펼쳤지. 그러나 존왕양이 운동 세력은 서양 세력과 몇 차례 전투를 벌이면서 서양 군사력의 힘을 깨닫게 되었어. 그래서 서양 오랑캐를 물리치는 것을 포기하는 대신, 서양의 최신 무기와 함대를 이용해 막부를 무너뜨리기로 했지.

이들의 계속된 공격에 에도 막부의 쇼군은 모든 지위와 땅을 내놓고 천황에게 권력을 넘기겠다고 선언했어. 오랫동안 이어졌던 에도 막부 시대는 이렇게 막을 내리고 일본에는 이제 천황 중심의 새 정부가 세워지게 되었어.

낱말 체크

★ **비범** 보통 수준보다 훨씬 뛰어남.

★ **제독** 해군 함대의 사령관.

★ **체결** 계약이나 조약 등을 공식적으로 맺음.

페리 제독과 흑선

페리 제독이 탄 배는 미국 버지니아주를 출발해 8개월의 항해 끝에 일본에 도착했어. 일본 사람들은 새까만 겉모습에 검은 연기를 내뿜으며 대포까지 설치되어 있는 이 증기선을 '흑선'이라고 부르며 두려워했어. 당시 일본 사람들은 페리 제독을 일본 전설에 나오는 무시무시한 요괴처럼 그려 놓았지.

▶ 조슈번과 사쓰마번 ▼

존왕양이 운동의 중심지였던 조슈번과 사쓰마번 사람들은 막부를 무너뜨려야 한다고 강력하게 주장했어. 천황의 뜻을 따른다며 바다를 지나는 서양 함대를 공격해 전쟁을 벌이다가 처참하게 패하기도 했지. 이후 서양 국가들의 군사력을 깨닫고 생각을 바꿔 서양 문물을 적극적으로 배우기로 했어. 두 지역은 막부를 무너뜨리자는 하나의 목표 아래 동맹을 맺어 에도 막부를 무너뜨리는 데 성공했지.

쏙쏙 퀴즈 맞는 것 고르기

1 (미국/영국)의 페리 제독은 일본에게 나라 문을 열라고 압박했다.

2 존왕양이 운동은 (쇼군/천황)을 존중하며 오랑캐를 쫓아낸다는 의미이다.

1868년  동아시아

145 메이지 유신, 일본의 모든 것을 바꾸다

#메이지유신
#자유 민권 운동
#일본 제국 헌법
#전부서양식으로바꿔버려!

일본에 메이지 천황 중심의 새 정부가 세워졌어. 새 정부는 에도를 수도로 정하고 도쿄라 부르기 시작했지. 그리고 강한 일본을 만들기 위해 1868년 대대적인 개혁인 **메이지 유신**을 시작했어.

먼저 영주가 다스리던 번을 없애고 전국을 300개 현으로 나눠 중앙에서 관리를 보내 다스렸어. 천황이 모든 권력을 갖는 중앙 집권 국가가 된 거야.

신분제를 고쳐 누구나 자유롭게 직업을 선택할 수 있게 했고, 성인 남자는 모두 군대에 보내는 징병제도 실시했어. 또 세금 제도를 개혁해 쌀 대신 돈으로 세금을 내게 했고 토지 제도도 손봤어. 더 넓은 세상에서 가서 많은 것들을 배워 오도록 **이와쿠라**를 *단장으로 삼아 **사절단**도 파견했지. 관리, 학자, 학생 100여 명으로 구성된 이들은

2년 동안 미국과 유럽 여러 나라를 다니며 놀랍도록 발전한 서양을 직접 체험했어.

"하나라도 더 배워서 우리 일본을 변화시키자고!"

이제 일본의 모든 것이 서양식으로 변화하기 시작했어. 철도와 도로가 놓이고 새로 수입된 마차와 전차가 돌아다녔지. 신식 군대는 물론 서양식 교육을 받을 수 있는 학교도 생겼어. 일본인들은 짧은 머리에 양복과 구두 차림을 했고, 빵과 고기를 먹기 시작했어. 가스등이 거리의 어둠을 밝혔고, 유럽식 건물에서는 무도회가 열렸지.

반면 막부 시대 권력을 누렸던 무사들은 직업을 잃었고, 칼을 차고 다니는 것이 금지되었어. 무사들은 정부의 개혁 정책에 반발해 반란을 일으켰지만, 신식 군대와 무기를 이길 수 없었지.

서구의 제도와 사상이 들어오면서 국민에게 더 많은 자유와 평등을 주어야 한다고 주장하는 사람들도 나타났어. 이를 **자유 민권 운동**이라고 해.

"헌법을 만들고 의회를 열자!"

요구를 받아들일 수밖에 없었던 정부는 유럽 여러 나라의 헌법을 연구해 **일본 제국 헌법**을 발표했어. 하지만 이 헌법에는 '일본 제국은 천황이 통치한다.', '천황은 신성한 존재이므로 누구도 간섭할 수 없다.'라는 내용이 들어가 있어 천황이 얼마든지 국민을 무시할 수 있었지. 아쉬움이 많이 남는 헌법이었지만 일본은 이렇게 헌법과 의회를 만들어 **입헌 군주제** 국가로 거듭나게 되었어.

 **낱말 체크**

★ 단장 '단' 자가 붙은 단체의 우두머리.

 **일본의 연호**

동양에서는 황제가 새로 즉위할 때마다 연도 앞에 새로운 연호를 정해. 1867년 일본은 새 천황이 즉위함에 따라 연호를 '메이지'로 정했어. 그래서 이 천황을 '메이지 천황'이라 하는거야. 천황이 사망할 때까지 메이지 1년, 2년, 3년… 이렇게 햇수를 셌지. 2019년에 정해진 일본의 새로운 연호는 '레이와'라고 해.

▶ **돈가스**

원래 일본 사람들은 불교의 영향 때문에 고기를 잘 먹지 않았어. 그런데 메이지 유신 이후 몸집이 큰 서양인을 보자 고기를 먹어야겠다고 생각했지. 천황이 앞장서서 고기를 먹자고 국민을 설득했고, 여전히 고기가 낯선 사람들을 위해 일본의 전통 튀김 요리법이 사용되었어. 돼지고기에 빵가루를 입혀 튀긴 돈가스는 그렇게 탄생했지. 냄비에 여러 채소와 소고기를 넣어 끓인 전골 요리도 유행하기 시작했어. 일본 사람들은 그렇게 고기 맛에 익숙해져 갔지.

 **쏙쏙 퀴즈** 맞으면 O, 틀리면 X

1 일본은 메이지 유신을 펼쳐 중앙 집권 국가가 되었다.

2 일본 제국 헌법 발표 이후 천황은 절대 국민을 무시할 수 없게 되었다.

146 일본 제국주의가 팽창하다

#강화도 조약
#청일 전쟁 #러일 전쟁
#을사늑약
#침략하려고개혁한거임?

메이지 유신을 이룬 일본의 다음 목표는, 서양 국가들을 따라 제국주의 침략에 나서는 것이었어. 일본은 1872년 남쪽의 류큐 왕국을 차지해 오키나와현으로 삼았고 북쪽 홋카이도를 침략해 원주민들을 몰아냈지. 그리고 조선 침략을 시작했어.

사실 메이지 유신 이전부터 일본에서는 일본이 더 강한 나라가 되기 위해선 조선을 정복해야 한다는 주장이 있었는데, 이 계획을 본격적으로 실행하기로 한 거야. 먼저 일본은 군함 운요호를 조선 앞바다에 보내 일부러 조선군과 충돌하게 했어. 그리고 조선에 나라 문을 열라고 강요했지. 미국의 페리 제독에게 당한 방법을 그대로 조선에 사용한 거야.

결국 1876년 조선은 일본과 **강화도 조약**을 맺고 나라 문을 열었지. 일본은 이후 조선의 곡식을 싼값에 사 가면서 이득을 취했고, 조선 안

에서 세력을 키워 갔어. 그러나 청나라가 일본에 방해가 되었어. 조선 정부는 일본보다 청나라를 더 가까이 했거든. 그러던 중 조선에서 동학 농민 운동이 일어나자 청나라가 조선에 군대를 보냈어. 기회를 보던 일본도 조선에 군대를 보냈지. 두 나라 군대가 들어오자 조선 정부는 부랴부랴 사건을 수습하고 청나라군과 일본군에게 돌아가 달라고 했어.

하지만 일본은 돌아가기는커녕, 조선에 와 있던 청나라 군대를 ★기습 공격해서 **청일 전쟁**을 일으켰어(1894). 8개월 만에 일본에 항복한 청은 일본에게 랴오둥반도와 타이완, 그리고 막대한 배상금을 넘길 수밖에 없었어.

"이제 조선은 우리 차지가 되겠지?"

그러나 일본의 꿈은 쉽게 이뤄지지 않았어. 남쪽으로 세력을 키우던 러시아가 랴오둥반도를 돌려주라며 일본에 ★압력을 넣었거든. 청에게 랴오둥반도를 돌려준 일본은 러시아까지 물리쳐야 조선을 차지할 수 있겠다고 생각했어.

영국과 미국의 지원을 받은 일본은 **러일 전쟁**(1904)을 일으켰고, 일본이 모두의 예상을 깨고 전쟁에 이겼지. 일본은 러시아와 조약을 맺어 한반도 지배를 인정받았어. 영국과 미국도 일본의 한국 지배를 눈감아 주었지.

이제 더 이상 일본의 한반도 지배를 방해할 나라는 없었어. 일본은 1905년 **을사늑약**으로 대한 제국의 외교권을 빼앗고, 1910년에는 ★국권까지 빼앗았어. 그렇게 한반도는 일본의 식민지가 되었어.

▶ 러일 전쟁 풍자화

링 안에 한반도 땅을 밟고 있는 두 선수는 덩치 큰 러시아와 그런 러시아에 도전장을 내민 작은 몸집의 일본이야. 영국, 미국, 프랑스 등 서양 강대국들은 링 밖에서 당연히 러시아가 이길 것을 예상하며 지켜보고 있지. 결과는 아예 달랐지만 말이야. 청일 전쟁으로 한반도에서 밀려난 청나라는 경기장 안으로 들어오지도 못하고 뒤에서 몰래 쳐다보고 있어.

낱말 체크

★ **기습** 갑자기 들이쳐 공격함.
★ **압력** 권력이나 세력에 의하여 타인을 자기 의지에 따르게 하는 힘.
★ **국권** 주권과 통치권 등 나라의 권력.

시모노세키 조약

청일 전쟁 이후 일본과 청나라가 맺은 조약이야. 일본은 청나라로부터 랴오둥반도와 타이완 땅, 그리고 일본 1년 예산의 4배에 달하는 배상금을 받기로 했어. 랴오둥반도는 다시 청에 돌려주게 되었지만, 일본은 받은 배상금 대부분을 군사력을 키우는 데 사용했어. 이는 일본 제국주의 침략의 발판이 되었어.

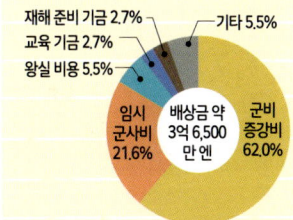

재해 준비 기금 2.7%
교육 기금 2.7%
왕실 비용 5.5%
기타 5.5%
임시 군사비 21.6%
배상금 약 3억 6,500만 엔
군비 증강비 62.0%

쏙쏙 퀴즈 맞는 것 고르기

1 일본은 조선과 (**강화도**/제주도)에서 불평등 조약을 맺었다.

2 일본은 (중일/**러일**) 전쟁 이후 대한 제국과 을사늑약을 맺어 외교권을 빼앗았다.

 19세기 후반 동아시아

147 조선, 새로운 나라를 만들기 위해 노력하다

#김옥균 #갑신정변
#전봉준 #동학 농민 운동
#갑오개혁
#조선도차근차근근대의길로!

조선은 일본의 강요로 1876년 강화도 조약을 맺고 나라 문을 열게 되었어. 이후 미국 등 서양 나라들과도 조약을 맺고 서양의 기술과 문물을 받아들였지. 전통을 지키려는 양반들은 반대했지만 조선 정부는 *개화 정책을 계속해 나갔어.

그러나 개화를 주장하는 사람들 사이에서도 생각이 조금씩 달랐어. 김옥균 등 젊은 지식인들은 조선이 메이지 유신을 본떠 더 적극적인 개혁을 해야 한다고 생각했지. 이들을 급진 개화파라 불러.

이들은 *우정총국이 새로 문을 여는 것을 축하하는 잔칫날, 권력을 차지하기 위해 갑신정변(1884)을 일으켰어. 반대파를 제거하고 새 정부를 세운 김옥균 세력은 신분 차별을 없애고 세금 제도를 고치는 등의 개혁안을 발표했지만, 조선 정부의 부탁을 받은 청나라 군대가 들

어와 이들을 공격해 정변은 3일 만에 실패로 끝났지. 정변을 일으킨 세력들은 외국으로 도망치거나 죽임을 당했어.

한편 개항 이후 농민들의 삶은 더 어려워졌어. 그래서 **전봉준**이 나라에 불만을 가진 농민들을 모아 **동학 농민 운동**을 일으켰지. 동학 농민군은 *죽창과 농기구를 들고 정부군과 싸우며 여러 고을을 점령했어.

"백성들을 괴롭히는 탐관오리를 몰아내자!"

농민군들은 전라도 지역을 장악하고, 이 지역의 가장 큰 요새인 전주성까지 점령하게 돼. 놀란 조선 정부는 또다시 청나라에 군대를 요청했는데, 이번에는 일본도 조선에 군대를 보냈어. 일본군은 경복궁을 점령하고 청나라군을 공격해 청일 전쟁을 일으켰지. 동학 농민군은 일본군의 도발에 다시 들고 일어나 공주 **우금치** 언덕에서 일본군과 싸웠지만 일본군의 무기를 이겨 낼 수 없었어.

청일 전쟁이 벌어지는 동안 일본은 조선에 개혁을 강요하기 시작했어. 조선은 **갑오개혁**을 통해 신분제와 과거제를 폐지하고, 과부의 재혼을 허락했지. 조선의 변화를 위해 필요한 개혁이었지만 일본의 간섭이 점점 심해졌어. 고종과 명성 황후는 이를 막기 위해 러시아를 이용하기로 했지. 위기감을 느낀 일본은 명성 황후를 *시해하고 말았어. 또 일본은 단발령을 내려 조선의 성인 남성의 상투를 자르게 했어. 이런 일본에 반발한 조선인들은 전국에서 의병을 일으키기도 했지.

낱말 체크

★ **개화** 새로운 사상, 문물, 제도 등을 가지게 됨.

★ **우정총국** 한국 역사상 최초의 우체국.

★ **죽창** 대나무로 만든 창.

★ **시해** 부모나 임금 등을 죽임.

강화도 조약

강화도 조약으로 조선은 일본에 부산, 원산, 인천 세 개의 항구를 열어 주었어. 일본 배가 조선의 해안을 마음대로 다니며 조사할 수 있게 되었고, 조선에서 범죄를 저지른 일본인은 조선의 법이 아닌 일본의 법으로 심판받았지. 이렇게 조선에 불리한 조건들이 들어 있기에 이 조약을 불평등 조약이라고 해.

▶ 독립 협회와 만민 공동회 ▼

명성 황후가 시해된 후 고종은 일본의 감시를 피해 러시아 공사관으로 피신했어. 이 틈을 타 일본과 서양 국가들은 조선에서 이익이 될 만한 것들을 마구 빼앗아갔지. 이런 상황에서 서재필은 조선이 외세의 침략에서 벗어나려면 먼저 국민들이 독립의 필요성을 알아야 한다고 생각했어. 그래서 《독립신문》을 펴내고 독립 협회라는 단체를 만들었지. 국민들이 자유롭게 자기 생각을 말할 수 있는 만민 공동회도 열었어. 종로 거리에서 열린 만민 공동회에서는 국민들 누구나 앞에 나와 독립에 대한 생각을 마음껏 발표할 수 있었어.

쏙쏙 퀴즈 맞으면 O, 틀리면 X

1 김옥균의 갑신정변은 성공으로 끝났다. ☐

2 동학 농민군은 일본군에 맞서 싸웠다. ☐

역사 탐험 보고서

제국주의 침략과 국민 국가 건설 운동

제국주의의 등장과 세계 분할

산업 혁명으로 자본주의가 발달한 나라들은 약한 나라를 침략해 식민지로 삼는 제국주의 정책을 펼쳤어. 이들은 사회 진화론과 인종주의로 자신의 침략을 정당화했지. 아시아와 태평양, 아프리카 대부분의 땅이 유럽과 미국의 식민지가 되었고, 식민지를 차지하기 위한 경쟁은 점점 더 치열해졌어.

서아시아, 아프리카, 인도의 민족 운동

오스만 제국에서는 탄지마트를 통해 유럽식으로 나라를 개혁하려 했어. 아랍인들은 순수한 이슬람 정신을 강조하며 와하브 운동을 벌였지. 이란은 영국에 맞서 담배 불매 운동을, 이집트도 영국에 맞서 수에즈 운하를 지키기 위한 혁명을 시도했어. 아프리카 여러 나라들도 제국주의 침략에 맞서 나라를 지키고자 싸웠지. 인도는 세포이의 항쟁이 실패했지만 인도 국민 회의를 통해 영국의 지배에 맞서 나갔어.

청나라의 개항과 근대화 운동

청나라는 영국과의 아편 전쟁에서 패배하여 난징 조약을 맺고 항구를 열었어. 청나라에 불만을 가진 사람들은 한족의 나라를 세우자며 태평천국 운동을 일으켰지. 서양의 과학 기술을 받아들이는 양무운동과 서양의 정치 제도까지 받아들이자는 변법자강 운동도 일어났어. 서양 세력을 몰아내려 했던 의화단 운동 이후 서양의 간섭은 더욱 심해졌어. 결국 신해혁명이 일어나 청나라는 무너지고 쑨원이 중화민국을 세웠지.

일본과 한국의 개항과 근대화 운동

일본은 미국의 강요로 항구를 열었어. 이 상황에 불만을 가진 무사들은 에도 막부를 무너뜨리고 천황 중심의 메이지 정부를 세웠지. 메이지 정부는 대대적인 개혁으로 서양의 과학 기술과 각종 제도를 받아들이는 메이지 유신을 실시했어. 그리고 제국주의 침략을 시작해 청일 전쟁과 러일 전쟁에서 승리하며 조선을 차지했지. 강화도 조약으로 일본에 나라의 문을 연 조선은 여러 근대적 개혁을 시도했지만 결국 일본의 식민지가 되었어.

알맞게 짝지어 보자!

20세기는 세계 각 지역에서 제국주의의 침략에 맞선 민족 운동과 근대화 운동이 일어나던 시기였어. 아시아의 나라 이름 카드 빈칸에 그 나라에서 일어났던 운동의 카드 숫자를 넣어 알맞게 짝지어 보자. 틀리면 아프리카의 동물들이 달려들지도 몰라!

오스만 제국	(오늘날) 사우디아라비아	이란	이집트
인도	청나라	조선	일본

세포이의 항쟁 ❶	양무운동 변법자강 운동 ❷	와하브 운동 ❸	동학 농민 운동 갑오개혁 ❹
메이지 유신 ❺	탄지마트 개혁 ❻	담배 불매 운동 ❼	무함마드 알리의 개혁 ❽

자, 약속한 간식이다!

정답 196쪽

도전! 세계사 퀴즈왕

좀 더 어려운 과제에 도전해 볼까?

01 ㉠과 ㉡에 들어갈 말로 맞는 것은?   131~133쪽

영국은 이집트의 카이로, 남아프리카의 케이프타운, 인도의 콜카타를 연결하는 3(㉠) 정책을 바탕으로 식민지를 확장해 나갔지.

독일은 베를린과 비잔티움, 바그다드를 연결하는 철도를 세우는 3(㉡) 정책을 펼쳤어.

	㉠	㉡
①	K	V
②	B	C
③	C	B
④	V	K

02 아래 지도에 표시된 나라의 근대화 운동에 대한 설명으로 옳은 것은?   134~136쪽

① 술탄이 주도해 '탄지마트'라는 개혁을 실시했어.
② 이슬람교를 순수했던 때로 되돌리자는 와하브 운동을 전개했어.
③ 정치 제도를 민주 공화제로 만들자는 혁명을 일으켰어.
④ 무함마드 알리가 나서서 개혁을 실시했어.

03 인도에서 일어났던 다음 사건들을 시간 순서대로 나열해 보자.   138쪽

㉠ 인도 국민 회의 결성 ㉡ 벵골 분할령 발표
㉢ 세포이의 항쟁   ㉣ 영국령 인도 제국 수립
㉤ 플라시 전투

04 중국의 근대화 운동 과정에서 나온 주장들을 각각 맞는 사건과 연결해 보자. 141~143쪽지

① "하루빨리 서양의 과학 기술과 무기, 군대 지식을 배워야 합니다!" • • ㉠ 양무운동

② "한족의 나라를 세우고, 국민을 나라의 주인으로 만듭시다!" • • ㉡ 변법자강 운동

③ "의회를 세우고 헌법을 만들어 서양식 입헌 군주국을 만듭시다!" • • ㉢ 신해혁명

05 쇼코가 일본의 근대화 운동에 대한 발표 자료를 만들고 있어. 빈칸에 들어갈 알맞은 말을 골라 보자. 144~146쪽지

미국 페리 제독이 무력으로 위협을 하자 일본 막부는 1854년 2개의 항구를 개항했다. 그러자 이에 반발한 하급 무사들은 (㉠)을 펼치고 막부를 공격해 마침내 에도 막부를 무너뜨렸다.
뒤이어 일본은 대대적인 개혁인 (㉡)을 실시했다. 한편 서구의 사상이 들어오면서 국민의 권리를 보장하고 서양식의 의회 제도를 만들자는 운동이 벌어졌고 이를 반영한 (㉢)이 제정되었다.
근대화에 성공한 일본은 주변 국가를 향한 침략을 시작했다. (㉣)을 통해 조선의 문을 열고, 청일 전쟁, 러일 전쟁 등에 승리하며 만주와 한반도에 대한 영향력을 확대하였다.

㉠ 문명개화 운동 / 존왕양이 운동   ㉡ 다이카 개신 / 메이지 유신
㉢ 일본 제국 헌법 / 대한 제국 헌법   ㉣ 대마도 조약 / 강화도 조약

제국주의 국가들 사이에서 긴장이 고조되다가 결국 제1차 세계 대전이 일어났어. 이제 세계는 편을 나눠 싸우기 시작했지. 독일은 전쟁 이후 베르사유 체제에 따라야만 했고, 러시아에서는 혁명이 일어나면서 사회주의 국가가 세워졌어. 황금기를 누리던 미국에서 발생한 대공황으로 세계는 다시 한 번 위기에 빠지게 돼. 이탈리아, 독일, 일본에서 전체주의가 부상하면서 결국 제2차 세계 대전이 일어났지. 1945년 일본이 무조건 항복하면서 전쟁은 끝났지만, 독일과 한국은 분단의 길을 걷게 돼.

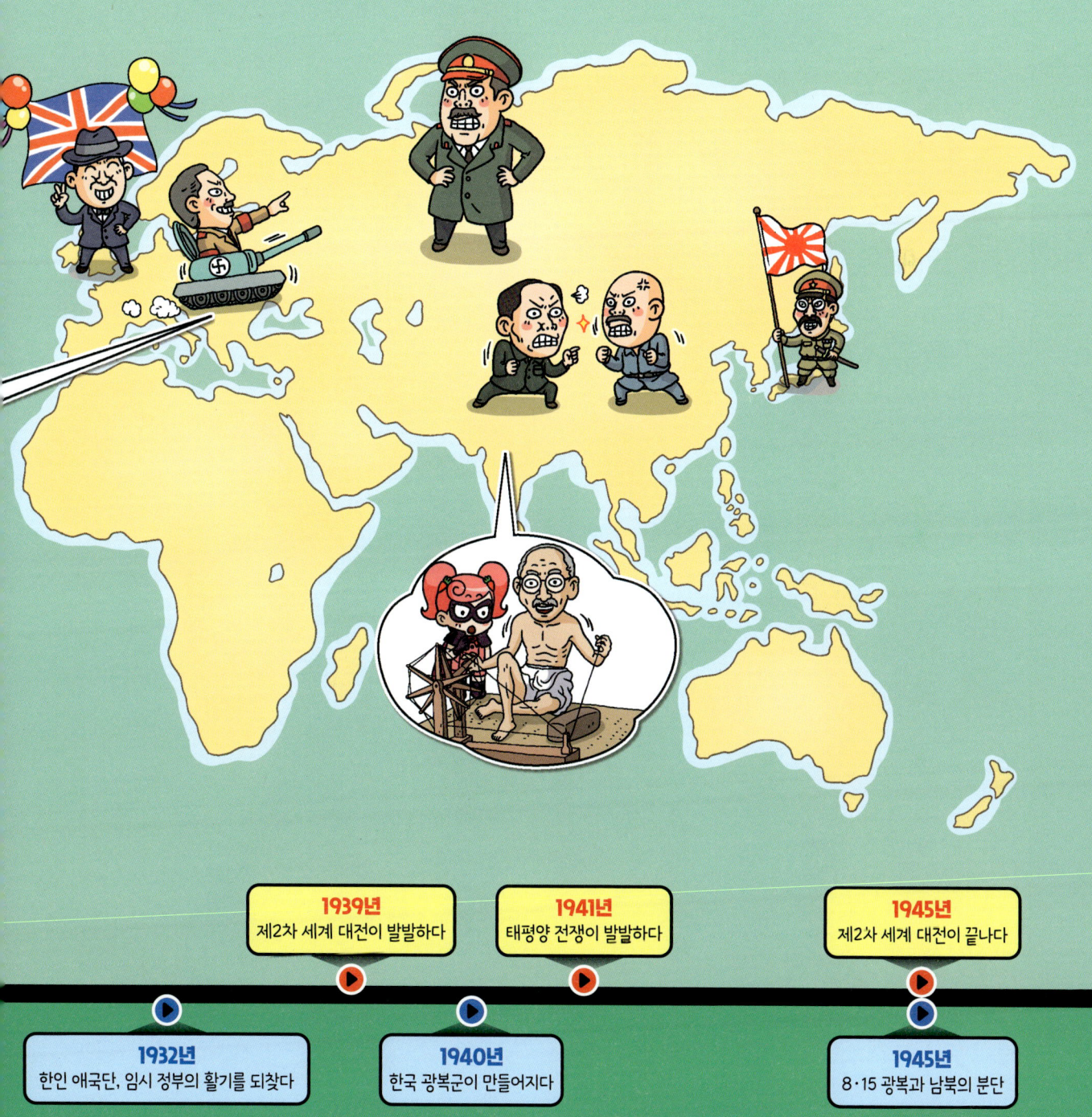

1939년
제2차 세계 대전이 발발하다

1941년
태평양 전쟁이 발발하다

1945년
제2차 세계 대전이 끝나다

1932년
한인 애국단, 임시 정부의 활기를 되찾다

1940년
한국 광복군이 만들어지다

1945년
8·15 광복과 남북의 분단

19세기 후반~1914년 | 유럽

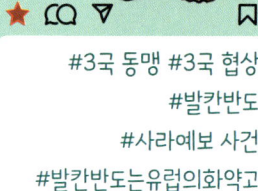

148 3국 동맹과 3국 협상이 대립하다

#3국 동맹 #3국 협상
#발칸반도
#사라예보 사건
#발칸반도는유럽의화약고

독일을 통일한 비스마르크 총리는 식민지 경쟁에 뛰어들지 않고 유럽 나라들과 평화로운 관계를 유지했어. 다만 오랫동안 독일과 사이가 좋지 않았던 프랑스를 외톨이로 만들기 위해 오스트리아·헝가리 제국, 이탈리아를 끌어들여 **3국 동맹**을 맺었지.

그러나 새롭게 독일의 황제가 된 빌헬름 2세는 비스마르크 총리의 외교 정책이 마음에 들지 않았어. 독일도 군대를 키워 식민지 경쟁에 뛰어들어야 한다고 생각했지. 그래서 비스마르크를 총리 자리에서 쫓아낸 후, 영국 해군에 맞서기 위한 해군 함대를 키웠고 베를린, 비잔티움, 바그다드를 철도로 잇는 3B 정책을 추진해 오스만 제국의 땅까지 넘보기 시작했어.

독일의 이런 팽창 정책은 당시 세계 최대의 식민지 지배국인 영국의 *심기를 건드렸어. 영국은 독일이라는 공동의 적을 막기 위해 그

동안 경쟁 상대였던 프랑스, 러시아와 힘을 합쳤지. 이를 **3국 협상**이라고 해. 영국을 중심으로 하는 3국 협상과 독일을 중심으로 하는 3국 동맹이 충돌하게 된 곳은 **발칸반도**야.

발칸반도에서는 슬라브족 국가인 **세르비아**가 오스만 제국이 약해진 틈을 타 강대국으로 떠올랐어. 세르비아는 슬라브족의 우수성을 내세우며 발칸반도에 슬라브족 통일 국가를 세우고 싶어 했지. 같은 슬라브족인 러시아도 똑같이 생각했어. 이를 **범슬라브주의**라고 불러.

한편 **오스트리아·헝가리 제국**도 발칸반도에서 세력을 키우고 싶었어. 독일과 손잡은 오스트리아·헝가리 제국은 **범게르만주의**를 외치며 독일을 중심으로 뭉쳤고, 발칸반도의 보스니아를 강제로 차지해 버렸어. 세르비아 옆에 위치한 보스니아는 세르비아가 탐내던 땅이야. 이를 오스트리아·헝가리 제국이 가로채자 세르비아는 원한을 품었지.

"탕!"

1914년, 보스니아의 수도인 사라예보에서 총소리가 울렸어. 사라예보를 방문한 오스트리아·헝가리 제국의 황태자 부부가 세르비아 청년이 쏜 총에 맞아 암살당하는 사건이 일어난 거야. 이 **사라예보 사건**으로 인해 오스트리아·헝가리 제국은 세르비아에게 전쟁을 선포했어. 발칸반도에서 시작된 갈등은 전 유럽을 전쟁의 소용돌이로 끌고 가게 되었지.

★ **심기** 마음으로 느끼는 기분.

오스트리아·헝가리 제국

오스트리아는 원래 다양한 민족을 지배하는 제국이었어. 오랫동안 오스트리아의 지배를 받아 오던 헝가리가 독립을 요구하자 오스트리아는 헝가리가 독립하는 대신, 오스트리아 황제가 헝가리 왕까지 맡기로 했어. 이로써 오스트리아·헝가리 제국이 탄생하게 된 거야.

▶ 발칸반도

발칸반도는 유럽 나라들이 아시아로 나가는 길목이자, 러시아가 지중해를 통해 남쪽으로 나갈 수 있는 통로여서 여러 나라들이 탐내는 땅이었어. 외세의 침략을 많이 받아 언어, 문화, 종교가 다른 사람들이 뒤섞여 살아왔기 때문에 싸움도 잦았지. 오스만 제국의 지배가 약해져 발칸반도의 여러 민족이 독립운동을 벌이면서 발칸반도는 언제 전쟁이 터질지 모르는 '유럽의 화약고'라 불리게 되었어. 그리고 세르비아와 오스트리아·헝가리 제국이 결국 화약고를 터뜨리고 만 거지.

제1차 세계 대전 직전 발칸반도의 여러 국가들

쏙쏙 퀴즈 맞는 것 고르기

1 영국, 프랑스, 러시아는 3국 (동맹/**협상**)을 맺었다.

2 1914년에 벌어진 (일기예보/**사라예보**) 사건으로 유럽에서 전쟁이 시작되었다.

1914~1918년 유럽

149 제1차 세계 대전이 일어나다

#제1차 세계 대전
#미국 참전 #러시아 혁명
#참호전 #총력전 #신무기
#인류최대의비극시작

사라예보 사건으로 오스트리아·헝가리 제국이 세르비아에 전쟁을 선포하자 같은 슬라브족인 러시아가 세르비아를 돕겠다고 나섰어. 독일은 같은 게르만족이자 3국 동맹을 맺은 오스트리아·헝가리 제국을 적극 지원하기로 했지. 영국, 프랑스도 3국 협상에 따라 독일과 싸우기로 했어. 유럽의 온 나라가 서로에게 전쟁을 선포한 거야. 전쟁이 시작되자 오스만 제국과 불가리아는 독일 편인 **동맹국**에, 일본과 중국이 영국·프랑스 편인 **연합국**에 서면서 전쟁은 세계로 확대되었어. 3국 동맹에 속해있던 이탈리아는 연합국 편으로 돌아섰지.

서쪽으로는 영국과 프랑스, 동쪽으로는 러시아와 양쪽으로 싸워야 했던 **독일**은 프랑스를 재빨리 무너뜨린 뒤 러시아와 싸우겠다는 작전을 세우고 서쪽으로 진격했어. 그러나 프랑스의 저항에 부딪혀 독일

의 작전은 실패했고, 지루한 참호전이 이어졌지. 독일은 동쪽 러시아와도 전투를 벌였어. 한편 영국은 독일로 들어가는 물자를 막기 위해 함대로 독일 앞바다를 막아 버렸어.

"영국이 바다 위를 막는다면, 우리는 바다 밑으로 공격하겠다!"

독일은 U보트라는 잠수함을 이용해 영국에 ★반격했어. 영국으로 가는 배는 중립국의 배일지라도 공격하겠다는 '무제한 잠수함 작전'이었지. 그런데 독일의 잠수함 공격에 여객선 루시타니아호가 침몰하면서 그동안 중립을 지키던 미국이 피해를 입고 연합국 편으로 들어왔어. 미국의 ★참전으로 전쟁은 연합국에 유리해졌지.

"러시아는 전쟁을 그만두겠소."

한창 전쟁 중에 러시아에서는 노동자와 농민들의 혁명이 일어났어. 그래서 러시아는 독일과 조약을 맺고 전쟁에서 빠졌지. 독일은 이제 서부 전선에 온 힘을 쏟아부으려 했지만 전쟁에 지친 독일의 동맹국들은 하나둘 항복하기 시작했어. 결국 독일 군인들도 전투 명령을 거부하고 혁명을 일으켰지. 혁명으로 세워진 새 독일 정부가 연합국에 항복을 선언하면서 제1차 세계 대전은 연합국의 승리로 끝났어.

제1차 세계 대전은 이전의 어떤 전쟁과도 차원이 달랐어. 각 나라들은 모든 힘과 자원을 전쟁에 쏟아붓는 총력전을 펼쳤고, 새로운 무기들이 사용되어 엄청난 인명과 재산 피해를 낳았지. 세계는 한동안 전쟁의 충격에서 벗어나지 못했어.

★ 반격 되받아 공격함.
★ 참전 전쟁에 참가함.

루시타니아호

1915년 영국 여객선 루시타니아호가 독일 잠수함의 공격을 받아 침몰했어. 탑승자 2천여 명 중 미국인 128명이 사망했지. 충격에 빠진 미국은 독일과의 전쟁을 선포하고 참전했어.

참호

서부 전선의 군인들은 적의 총이나 대포를 피하기 위해 참호라는 구덩이를 파서 몸을 숨기거나 적이 나타날 때까지 기다렸어. 프랑스와 독일 사이에 만들어진 서부 전선 참호의 길이는 무려 760km나 돼. 참호에서 숨은 채 버티는 시간이 많아지면서 전쟁이 길어졌지. 참호전은 제1차 세계 대전이 끝날 때까지 계속되었어.

▶ 트렌치코트

트렌치(참호)코트는 방수 기능을 갖춘 군복으로, 본래 참호 속에서 고생하는 영국 군인 장교들을 위해 보급됐어. 군복답게 계급장을 끼우기 위한 어깨 장식, 수류탄을 매달기 위한 D자 모양의 링, 사격할 때의 충격을 덜어 주는 가슴 플랩 등이 갖춰졌지. 제1차 세계 대전 이후 영국 정부가 일반인들에게 남은 트렌치코트를 판매하면서 선풍적인 인기를 끌었다고 해. 토머스 버버리가 처음 개발했다고 해서 '버버리 코트'라고도 불러.

쏙쏙 퀴즈 맞으면 O, 틀리면 X

1 제1차 세계 대전 와중에 러시아에서 혁명이 일어났다. ☐

2 미국은 제1차 세계 대전 끝까지 참전하지 않았다. ☐

제1차 세계 대전, 전쟁의 모습이 달라지다

제1차 세계 대전이 발발했을 당시 유럽인 중에는 전쟁을 경험한 사람이 많지 않았어. 그래서 전쟁이 경쟁국의 코를 납작하게 해 줄 기회라고만 생각했대. 각 나라의 국민들은 거리로 뛰쳐나와 전쟁 시작에 환호하고, 전쟁터로 떠나는 병사들을 열렬히 응원했다고 해. 병사들도 부푼 애국심을 가지고 전쟁터로 향했어. 그러나 전쟁터에 도착해 보니 상황은 전혀 달랐지. 그동안 기술의 발전이 만들어 낸 신무기의 파괴력은 무시무시했어. 제1차 세계 대전은 이전의 전쟁과는 전혀 다른 모습으로 흘러갔지.

 새롭게 등장한 무기들

기관총 ▶

기관총은 총알을 연속해서 발사할 수 있는 강력한 무기야. 1분에 300발 이상 발사된다고 해. 제1차 세계 대전 때 기관총이 대량으로 사용되기 시작했지. 기관총의 무차별 발사를 피하기 위해 참호가 만들어졌고 탱크가 개발되었어.

탱크 ▶

기관총 공격을 뚫기 위해 영국은 암호명 '탱크'라 불리는 전차를 투입했어. 탱크는 철갑을 두르고 있어 적의 총알로부터 병사들을 보호했고, 철조망을 무너뜨리며 적의 참호로 전진했어. 탱크를 처음 본 독일군은 공포에 휩싸여 도망가기 바빴다고 해.

독가스 ▶

독일군은 소금을 분해해 나온 염소로 독가스를 만들어 사용했어. 독가스를 맡으면 숨이 가빠지고 얼굴이 잿빛으로 변하면서 쓰러져 시름시름 앓다가 며칠 뒤에 죽었대. 독가스를 피하기 위해 방독면도 개발되었지. 각 나라는 경쟁하듯 더 고통스러운 독가스를 개발했어.

전투기 ▶

제1차 세계 대전 때 공군이 처음 등장했어. 초기의 공군은 하늘에서 적군의 움직임을 관찰해 보고하는 정도였지만 점차 비행기에 총이나 폭탄을 실어 적을 폭격하기 시작했지. 적의 전투기를 많이 격추한 조종사에게 '에이스'라는 칭호를 주었는데, 우리가 사용하는 '에이스'라는 표현이 여기서 나왔어. 공군의 등장으로 전쟁터에서 멀리 떨어진 곳까지 폭격을 당했고, 민간인들의 피해도 커지게 되었어.

 ## 총력전, 모든 국민이 전쟁에 나서다

제1차 세계 대전은 전쟁터에서 군인들끼리만 싸우는 전쟁이 아니었어. 온 나라 사람들과 자원을 총동원해 어떻게든 전쟁에서 승리하고자 하는 총력전이었지. 전쟁터가 아닌 후방에 남아 있는 여성들은 공장에서 군복과 총알 등을 만들면서 전쟁을 도왔고 아이들도 전쟁 자금 모금에 동원되었어. 식민지 사람들까지 전쟁에 끌어들였지.

방독면 공장에서 일하는 여성들

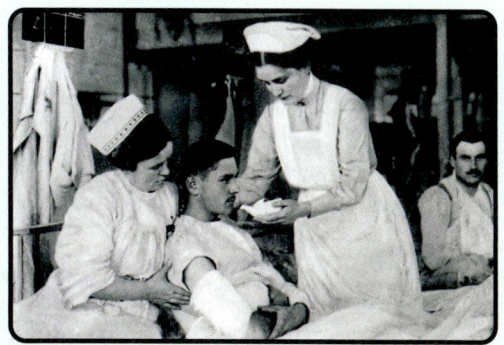
부상병을 돌보는 간호사

 ## 전쟁보다 무서웠던 바이러스, 스페인 독감

전쟁이 한창일 때, 미국 캔자스주에서 매우 위험한 독감이 유행했어. 그런데 유럽에 파견된 미군들이 각 나라의 병사들에게 이 독감을 옮겼지. 전쟁터의 참호는 굉장히 지저분했고, 비가 오면 물이 차서 전염병이 번지기 쉬웠거든. 전쟁이 끝나자 독감에 걸린 병사들이 세계 곳곳으로 돌아가며 이 독감은 세계적으로 퍼졌어.

전쟁에 참여한 나라들은 이 소식을 숨기려 했지만, 중립국이었던 에스파냐가 유일하게 이 소식을 자유롭게 알릴 수 있었어. 에스파냐를 통해 알려진 독감이라는 이유로 '스페인(에스파냐의 영어 표기) 독감'이라는 이름이 붙여졌지. 이 독감의 피해는 중세 흑사병에 맞먹을 정도였어. 당시 세계 인구가 18억 명 정도였는데 그중 5억 명이 감염되었고 최소 4~5천만 명이 목숨을 잃었다고 해. 당시 우리나라도 740만 명이 감염되어 14만 명이 사망한 것으로 알려졌어. 독감 바이러스가 전쟁보다 더 많은 목숨을 빼앗아 간 거야.

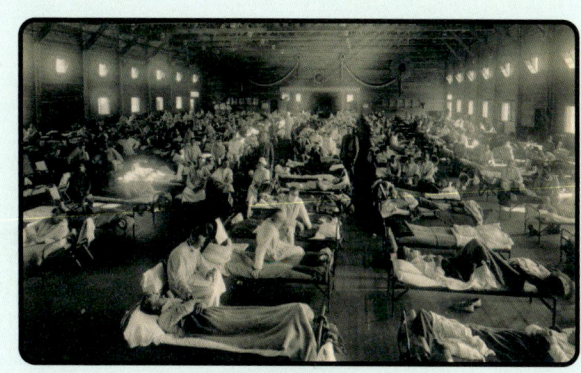
스페인 독감 환자들이 모인 병동

19세기 말~20세기 초 · 유럽

150 러시아의 차르, 국민들을 짓밟다

#니콜라이 2세
#사회주의 사상
#피의 일요일 사건
#노동자도밟으면꿈틀!

러시아에서는 니콜라이 2세가 새로운 ★차르가 되어 호화로운 생활을 즐기며 독재 정치를 펼쳤어. 이 시기에는 러시아에서도 산업 혁명이 시작되어 곳곳에 공장이 생기고 노동자들이 늘어났지. 하지만 노동자들은 하루 15시간 이상 일하면서도 제대로 된 월급을 받지 못해 불만이 커졌고, 지식인들 사이에서는 사회주의 사상이 퍼지고 있었어.

러시아의 개혁을 절실하게 느낀 지식인들과 사회주의 사상에 ★매료된 노동자들은 이렇게 외쳤어.

"차르를 몰아내고 노동자들이 살기 좋은 세상을 만들자!"

그러나 니콜라이 2세는 시위를 벌인 사람들을 추방하는 등 그들의 불만에 전혀 귀 기울이지 않고 탄압했어.

그러다 1904년에 **러일 전쟁**이 일어났어. 이길 줄만 알았던 러시아가 일본에 패배한 데다가 전쟁으로 물가까지 치솟자 노동자들의 생활은 더욱 힘들어졌지.

"차르를 만나 우리 노동자들의 힘든 처지를 직접 이야기합시다!"

화가 치민 노동자들은 1905년 1월의 어느 일요일에 차르의 궁전을 향해 행진했어. 무기를 들지 않은 아주 평화로운 행진이었지. 그러나 궁전에 도착하기도 전에 차르의 군대가 이들을 막아섰고, 급기야 병사들은 시위대를 향해 총을 쏘았어. 이날 하루 동안 수많은 사람이 죽거나 다쳤지. 이 사건을 '**피의 일요일 사건**'이라고 불러.

이후 차르에 반대하는 파업과 시위가 러시아 전 지역으로 퍼져 나갔고 해군 병사들까지 반란을 일으켰어. 사태의 심각함을 느낀 니콜라이 2세는 그제야 국민들의 요구를 받아들이겠다고 발표했지.

"두마를 설치하고 개혁을 실시해 국민의 자유와 권리를 보장하겠습니다."

그러나 러시아의 모든 권력은 여전히 니콜라이 2세에게 있었어. 그러던 중 제1차 세계 대전이 터지자 러시아도 전쟁에 뛰어들었고 독일과의 전투에서 연이어 패하면서 국민들의 분노는 끓어올랐지.

"차르는 우리의 고통에 전혀 관심이 없군."

식량과 물자가 부족해지면서 전쟁에 나가지 않은 일반 국민들도 굶주림으로 고통받았어. 러시아 노동자와 농민들의 불만은 폭발 직전에 이르렀지.

 **낱말 체크**

★ **차르** 러시아 황제의 칭호.

★ **매료** 사람의 마음을 완전히 사로잡아 홀리게 함.

두마

두마는 1906~1917년 동안 있었던 러시아의 의회를 가리키는 이름이야. 니콜라이 2세 때 선거를 통해 두마의 의원을 뽑았고, 차르가 새로운 법을 만들 때는 두마의 허락을 받기로 했다. 그러나 선거권이 부자들에게만 주어졌기 때문에 두마의 의원 자리는 귀족 대표들이 다 차지해 버렸고 니콜라이 2세는 시도 때도 없이 두마를 해산시켰어. 의회가 만들어졌지만, 러시아의 모든 권력은 여전히 차르에게 있었지.

▶ **수상한 수도승, 그리고리 라스푸틴** ▼

라스푸틴은 신비 종교에 빠져 러시아 각지를 떠돌던 수도승이었어. 니콜라이 2세의 아들은 피를 한번 흘리면 멈추지 않는 불치병을 앓고 있었는데, 신기하게도 라스푸틴을 만나면서 이 병이 낫게 되었어. 니콜라이 2세와 황후는 그를 전적으로 믿게 되었지. 이후 라스푸틴은 차르를 대신해 권력을 쥐고 러시아를 뒤흔들었어. 전쟁터의 군인들도 라스푸틴의 한마디에 움직였고 관리도 직접 임명했지. 권력을 이용해 나랏돈을 흥청망청 썼고, 뇌물을 받다가 결국 반대파에게 암살되고 말아. 라스푸틴은 러시아에 혁명이 일어나는 여러 원인 중 하나가 되었어.

 쏙쏙 퀴즈 맞는 것 고르기

1 니콜라이 2세 때 러시아에서는 (사회주의/민족주의) 사상이 퍼지고 있었다.

2 시위가 거세지자 차르는 의회인 (두마/엄마)를 설치했다.

1917~1922년 유럽

151 레닌, 러시아 혁명을 일으키다

#소비에트 #소련
#2월 혁명 #10월 혁명
#레닌 #신경제 정책
#만국의노동자여단결하라!

제1차 세계 대전이 한창 벌어지던 1917년, 차르의 독재와 전쟁, 굶주림에 지친 러시아의 노동자와 농민들은 다시 거리로 나와 전국적인 시위를 시작했어.

"차르는 전쟁을 멈추고, 우리에게 빵을 달라!"

니콜라이 2세는 또다시 군대를 동원해 시위를 막으려 했지만, 병사들은 차르의 명령을 거부하고 노동자와 농민들 편에 섰어. 노동자와 농민, 병사들은 '**소비에트**'라는 기구를 만들어 시위를 계속했지. 결국 니콜라이 2세는 차르 자리에서 물러나겠다고 선언했고 곧 시베리아로 *추방당했어. 러시아에는 차르를 대신해 임시 정부가 세워졌지. 이를 **2월 혁명**(1917)이라고 해.

그러나 임시 정부는 노동자와 농민들이 요구하는 개혁을 제대로 추

진하지 않고 전쟁을 계속해 국민의 원망을 샀어. 이 무렵 스위스로 몸을 피해 사회주의 운동을 해 나가던 레닌이 러시아로 돌아와 국민 앞에서 다시 한번 혁명을 일으키자고 외쳤지.

1917년 10월에 레닌은 노동자와 농민, 병사들과 함께 임시 정부를 몰아낸 후 혁명 정부를 세웠어. 이를 10월 혁명이라고 해. 세계 최초의 사회주의 국가를 탄생시킨 혁명이었지. 소비에트 중심의 혁명 정부는 신분제를 폐지해 귀족들이 가진 ★특권을 없애고 토지와 공장, 은행 등을 국가 소유로 만들었어. 곧 독일과 평화 조약을 맺고 제1차 세계 대전에서도 빠져나왔지.

그러나 이번에는 사회주의 혁명에 반대하는 세력들과의 내전이 시작되었어. 레닌은 군대를 조직해 반혁명파와 맞서 싸웠지. 5년 동안이나 계속된 내전은 혁명파의 승리로 끝났지만, 오랜 전쟁으로 러시아는 황폐해졌어. 러시아 경제를 회복하기 위해 레닌은 모든 것을 국가 소유로 하는 사회주의 경제에 자본주의 요소를 약간 섞은 신경제 정책을 발표했어.

"소규모 기업은 개인이 운영할 수 있고, 농민들은 세금 내고 남은 농산물을 자유롭게 사고팔 수 있어요."

러시아는 제1차 세계 대전 이전 수준으로 경제를 회복할 수 있었지. 정권을 안정시킨 레닌은 주변 여러 나라의 소비에트 정부들을 모아 하나의 ★연방을 만들기로 했어. 1922년 러시아를 비롯한 15개 국가가 모인 '소비에트 사회주의 공화국 연방', 줄여서 '소련'이 탄생했어.

낱말 체크

★ **추방** 일정한 지역이나 조직 밖으로 쫓아냄.

★ **특권** 특별한 권리.

★ **연방** 자치권을 가진 다수의 나라가 같은 정치 이념 아래에서 연합해 구성한 국가.

소비에트

러시아 말로 '대표자 회의'라는 뜻이야. 노동자, 농민, 병사들의 대표가 모여 나랏일을 결정했지. 2월 혁명과 10월 혁명 이후 소비에트는 사회주의 국가를 다스리는 최고 권력 기구를 뜻하게 되었어. 러시아 주변 국가들에도 소비에트 정부가 세워지게 되었지.

▶ 사회주의의 확산 ▼

레닌은 혁명 이후 자기 당의 이름을 '러시아 공산당'으로 바꾸고 각 나라의 공산당들을 모아 세계 공산당 연합을 만들었어. 이를 '코민테른'이라고 불러. 코민테른은 유럽에서 일어난 노동 운동과 아시아의 식민지 독립운동을 지원하면서 전 세계에 사회주의를 퍼뜨렸어. 특히 식민 지배를 받는 나라의 지식인들이 사회주의를 받아들여 제국주의에 반대하는 혁명을 꿈꾸게 되었지. 일본의 식민 지배를 받은 한국의 독립운동에도 사회주의 사상이 큰 영향을 끼쳤어.

제2차 코민테른 회의

쏙쏙 퀴즈 — 맞으면 O, 틀리면 X

1 러시아는 혁명을 통해 차르를 황제의 자리에서 끌어내렸다.

2 소련은 자본주의 나라들의 연방이다.

1918~1920년 　유럽

152 베르사유 체제가 만들어지다

#파리 강화 회의
#윌슨 #민족 자결주의
#베르사유 체제 #국제 연맹
#미국과소련이빠진국제연맹?

제1차 세계 대전이 끝난 후 전쟁에서 승리한 27개국의 대표가 프랑스 파리에서 **파리 강화 회의**를 열었어. 전쟁의 책임을 묻고, 전쟁으로 생긴 문제를 해결하기 위해서였지. 이 회의에 참석한 미국 대통령 우드로 윌슨은 14개조 평화 원칙을 제안한 적이 있어. 군사비를 줄일 것, 세계 평화를 위한 국제기구를 만들 것, **민족 자결주의**를 따를 것 등의 내용이었지.

민족 자결주의 원칙은 '민족의 문제는 그 민족 스스로 결정해야 한다.'는 주장이야. 즉 다른 민족의 간섭을 받아서는 안 된다는 거지. 이 원칙에 따라 제1차 세계 대전 후 여러 나라들이 독립을 이뤘어. 그러나 이 원칙은 전쟁에서 패배한 나라의 식민지에만 적용되었고, 승리한 연합국은 식민지를 계속 유지하며 이익을 지켰지.

한편 연합국은 전쟁에서 패배한 각 나라와 조약을 맺었어. 그중 독

일과는 프랑스 베르사유 궁전에서 '베르사유 조약'을 맺었어.

"전쟁의 모든 책임은 독일에게 있다는 점, 인정하죠?"

베르사유 조약에 따라 독일은 갖고 있던 해외 식민지를 모두 포기했고, 국경 근처의 땅을 프랑스에게 돌려줘야 했어. 잠수함 같은 최신 무기는 가져서도 안 되고, 군함과 병사의 수도 줄여야 했지. 다시는 전쟁을 일으키지 못하게 말이야. 게다가 엄청난 액수의 배상금까지 물게 되었어. 제1차 세계 대전 이후 베르사유 조약에 따른 이러한 새로운 국제 질서를 '베르사유 ★체제'라고 불러. 전쟁에서 패배한 독일은 이 체제 속에서 다시는 일어서지 못할 듯 보였어.

"와, 우리 독일에게 너무 심한 거 아니야?"

독일 국민들의 불만은 점점 높아졌어. 땅도 뺏기고 배상금도 물게 되니 너무 가혹하단 생각이 든 거지.

한편 윌슨 대통령의 제안에 따라 나라 간의 갈등을 조정하고 큰 전쟁이 일어나는 걸 막기 위한 세계 평화 기구인 국제 연맹이 만들어졌어. 그러나 국제 연맹에 미국과 소련은 참여하지 않았지. 자기 나라와 크게 관계없는 일에 나서고 싶지 않았나 봐. 국제 연맹은 평화를 깨뜨린 나라를 막을 수 있는 군사력도 가지고 있지 않았어. 이런 이유로 국제 연맹은 허수아비 국제기구가 되어 버렸고, 훗날 제2차 세계 대전의 발발도 막지 못했지.

★ 체제 생기거나 이루어진 틀.

민족 자결주의

민족 자결주의에 따라 패전국인 오스트리아·헝가리 제국도 많은 영토를 잃었어. 헝가리와 체코슬로바키아가 떨어져 나갔고 발칸 반도의 슬라브인들은 유고슬라비아 왕국을 세워 독립했지. 러시아의 지배를 받아 온 폴란드, 라트비아, 리투아니아, 에스토니아도 독립했어. 당시 우리나라에서도 민족 자결주의 소식에 희망을 얻어 3·1 운동을 벌였지만 일본은 영국과 동맹으로 연합국에 속했기 때문에 우리는 독립을 얻어 내지 못했지.

▶ 베르사유 조약과 독일의 배상금 ▼

독일은 베르사유 조약에 따라 연합국에 1,230억 마르크의 전쟁 배상금을 내야 했어. 당시 독일 정부의 일 년 세금 수입이 60~70억 마르크였으니 독일은 이 배상금을 낼 수 있는 능력이 없었지. 독일은 배상금을 마련하기 위해 돈을 계속 찍어 냈고 결국 물가가 비정상적으로 오르기 시작했어. 1마르크 하던 빵 한 덩이가 1,000억 마르크가 될 정도였지. 독일의 물가 상승은 독일 국민들에게 고통을 주었고 히틀러가 등장하는 계기가 되었어.

은행에 쌓여 있는 지폐 더미

쏙쏙 퀴즈 맞으면 O, 틀리면 X

1. 미국의 윌슨은 강대국이 식민지를 지배해야 한다고 주장했다.

2. 독일은 베르사유 조약에 따라 해외 식민지를 모두 포기해야 했다.

1918년 이후 · 유럽

153 제1차 세계 대전 이후 민주주의가 발전하다

#바이마르 헌법
#바이마르 공화국
#참정권 운동
#여성도노동자도똑같은인간!

제1차 세계 대전이 끝나고 전쟁에 참여했던 사람들이 자신의 권리를 요구하면서 민주주의가 발전하기 시작했어. 먼저 독일에서는 혁명으로 독일 제국이 무너진 후, 20세 이상의 남녀가 참여한 선거를 통해 의회가 만들어지고 헌법이 선포되었지. 바이마르라는 작은 도시에서 만들어져서 '바이마르 헌법'이라고 불렸어.

바이마르 헌법은 여성 참정권과 노동자의 권리를 보장한 세계에서 가장 민주적인 헌법이었어. 이 헌법을 통해 독일은 바이마르 공화국으로 새롭게 태어났지.

"왕과 황제는 필요 없다. 우리 손으로 대표를 뽑자!"

독일 뿐 아니라 오스트리아·헝가리 제국, 오스만 제국 등 패전국 및 새롭게 독립한 여러 나라들에서도 왕정이 무너지고 ★공화정이 채택되었어. 공화정은 유럽 대부분의 나라로 퍼져 나갔지.

그러나 대표를 뽑는 선거에 참여할 수 있는 참정권이 처음부터 모두에게 주어진 것은 아니었어. 특히 여성들에게 참정권이 허락되지 않았지. 여성들에게는 사회 참여보다 가정생활이 더 중요하다고 생각했기 때문이야. 이런 생각에 맞서 여성들도 남성과 똑같은 참정권을 누려야 한다는 **여성 참정권 운동**이 제1차 세계 대전 이전부터 활발히 일어났어.

"말만 해서는 우리의 목소리에 귀 기울이지 않아요. 행동으로 보여 줍시다."

'**서프러제트**'라 불리는 여성들은 연설, ★단식 투쟁, 더 과격하게는 폭탄을 던지고 유리창을 깨는 등의 시위를 통해 남성들과 같은 참정권을 요구했어. 그러나 막힌 벽을 깨기란 쉽지 않았지.

제1차 세계 대전이 일어나자 여성들은 투쟁을 멈추고 전쟁에 협력하기로 했어. 공장에서 무기를 만들거나 전쟁터에서 간호사로 일하는 등의 활약을 보였지. 이런 노력의 결과로 전쟁 이후 유럽의 많은 국가들이 여성들의 참정권을 인정하기 시작했어. 영국은 전쟁이 끝난 1918년 재산 자격을 갖춘 30세 이상 여성들의 참정권을 인정했고, 1928년에는 21세 이상 여성 모두에게로 확대했지.

노동자들 역시 제1차 세계 대전에서의 활약으로 재산에 따른 제한이 없어지면서 참정권을 누릴 수 있었어. 성별이나 재산에 관계없이 모두가 참정권을 누리는 시대가 시작된 거지.

낱말 체크

★ **공화정** 국민들의 투표로 대표를 뽑아 통치하는 체제.

★ **단식 투쟁** 음식을 먹지 않으며 시위하는 일.

나라별 투표권 부여 시기

	남성	여성
프랑스	1848년	1944년
영국	1918년	1928년
미국	1870년	1920년
독일	1870년	1919년
이탈리아	1912년	1945년
일본	1925년	1945년
한국	1948년	1948년

브리태니커 백과, 2018

메이데이

1889년 프랑스 파리에서 세계 노동자들이 모여 5월 1일을 '노동자의 날'로 정했어. 메이데이라고도 불리는 이날은 오늘날까지도 노동자들을 위한 날로 지켜지고 있지. 전쟁 이후 노동자의 권리를 지키기 위한 국제 노동 기구(ILO)도 만들어졌어.

▶ 에밀리 데이비슨 ▼

1913년 런던의 한 경마장에서 한 여성이 달려오는 국왕의 말 앞으로 뛰어들었어. 영국에서 적극적으로 여성 참정권 운동을 벌이던 에밀리 데이비슨이었지. 그녀는 달리는 말의 말발굽에 밟혀 쓰러져 병원에 실려 갔지만 끝내 목숨을 잃었어. 당시 영국 신문에서는 에밀리의 죽음보다 왕의 말이 다쳤다며 걱정하는 기사를 내보냈고 이에 분노한 여성들은 더 활발하게 여성 참정권 운동을 벌였어. 에밀리의 장례식도 시위의 현장이 되었지.

에밀리의 장례식 현장

쏙쏙 퀴즈 - 맞는 것 고르기

1 전쟁 이후 독일에서 (바이올린/바이마르) 헌법이 제정되었다.

2 제1차 세계 대전 이전부터 여성들은 선거에 참여할 수 있는 (참참참/참정권) 운동을 벌였다.

1923년  서아시아

154 무스타파 케말, 튀르키예 공화국을 만들다

#무스타파 케말
#튀르키예 공화국
#근대식 개혁 실시
#터키?아니죠_튀르키예!

제1차 세계 대전에서 독일 편을 들었던 오스만 제국은 전쟁에서 독일이 패배하자 많은 땅을 잃고 연합국의 간섭까지 받게 되었어. 영국, 프랑스 등이 달려들어 오스만 제국의 땅을 갈가리 나눠 가졌고, 오랜 기간 오스만 제국에 지배당했던 그리스는 그동안의 일에 한풀이를 하듯 오스만 제국에 전쟁을 선포했지.

나라가 해체될 위기에 처했지만 오스만 제국은 외국 세력을 막아 낼 힘이 없었어. 그때 **무스타파 케말**이 위기에 빠진 나라를 구하겠다며 나섰지. 그는 제1차 세계 대전 중 여러 전투에서 공을 세우며 전쟁 영웅으로 떠오른 인물이야.

"외세로부터 벗어나기 위해서는 튀르크인 중심의 새 나라를 세워야 해."

무스타파 케말은 먼저 군대를 조직하고 독립 전쟁을 벌여 외국 군대와 맞서 싸웠어. 그 결과 튀르크인들은 외세를 몰아내고 독립할 수 있었지. 이어 술탄을 쫓아낸 무스타파 케말은 오스만 제국을 무너뜨리고 1923년에 이슬람 국가 최초의 공화국인 **튀르키예 공화국**을 세웠어.

선거를 통해 첫 번째 대통령이 된 무스타파 케말은 이슬람교가 나라의 발전을 막고 있다고 생각했어. 그래서 **정치와 종교를 엄격히 분리**하고, 서유럽 문물을 적극 받아들이는 과감한 개혁을 시작했지.

먼저 이슬람교 최고 지도자인 칼리프 자리를 없애고 이슬람 달력 대신 서양식 달력을 사용하기 시작했어. 이슬람 여성들에게 히잡을 강요하지 않았고, 남녀가 똑같이 학교에 다니도록 했지. 1930년에는 이슬람 국가로서는 발 빠르게 **여성에게 참정권**도 주었어. 또한 배우기 어려운 아랍 문자를 대신해 로마 알파벳을 본뜬 튀르키예 문자를 만들었어.

"무스타파 케말 덕분에 우리는 전쟁의 상처를 이겨 낼 수 있었어."

튀르키예 의회는 무스타파 케말에게 '튀르크인의 아버지'란 뜻의 '아타튀르크'라는 이름을 주었어. 무스타파 케말의 개혁으로 튀르키예는 다른 이슬람 국가와 달리 빠른 속도로 발전할 수 있었지. 현재 튀르키예의 지폐에는 무스타파 케말의 얼굴이 그려져 있어. 그를 ★모독하거나 동상 등 기념물을 파괴하는 경우 크게 처벌한다는 법도 만들어져 있지. 그만큼 무스타파 케말은 튀르키예 사람들의 독립 영웅이자 국가의 아버지로서 지금도 존경받고 있어.

낱말 체크

★ **모독** 말이나 행동으로 더럽혀 욕되게 함.

튀르키예의 이름

튀르키예는 영어로 '터키(Turkey)'라 불렸는데, 2022년에 공식적으로 '튀르키예'로 바꾸겠다고 발표했어. 영어 단어로 '터키'가 '칠면조', '겁쟁이', '패배자'라는 뜻으로 쓰여서 튀르키예 사람들 사이에 불만이 많았거든. 반면 '튀르키예'는 '튀르크인의 땅'을 의미하기도 하고, '용감하다.'라는 뜻도 가지고 있대.

Turkey → Türkiye

제1차 세계 대전 이후의 이슬람 세계

제1차 세계 대전 당시 오스만 제국의 지배를 받던 아랍 민족은 연합국으로부터 독립을 약속받고 연합국을 지원했어. 그러나 전쟁이 끝난 후 영국과 프랑스는 약속을 지키지 않았지. 그 결과 이슬람 세계의 여러 나라들은 독립운동을 펼쳤어. 이라크가 독립하고, 사우디아라비아는 통일 왕국을 세웠지. 이집트도 영국으로부터 독립을 인정받았어. 다른 나라들도 제2차 세계 대전 이후 대부분 독립했지.

이슬람 세계 각국의 독립 연도

쏙쏙 퀴즈 — 맞으면 O, 틀리면 X

1. 무스타파 케말은 오스만 제국의 새로운 술탄이 되었다.

2. 튀르키예는 이슬람 국가들 중에서 가장 늦게 여성에게 참정권을 주었다.

20세기 초반 — 인도와 동남아시아

155 인도와 동남아시아의 민족 운동

#인도_간디&네루
#베트남_호치민
#인도네시아_수카르노
#중요한건꺾이지않는독립의지

인도는 제1차 세계 대전이 끝나면 ★자치권을 주겠다는 영국의 약속을 철석같이 믿고, 백만 명이 넘는 사람들을 보내 영국을 도왔어. 그러나 영국은 약속을 지키지 않았지. 오히려 인도인에 대한 차별과 학살 행위만 더 심해졌어.

영국에 대한 배신감과 분노가 가득 차올랐던 그때, 인도 국민 회의의 지도자였던 **간디**가 인도 사람들에게 새로운 방식의 독립운동을 제안했어. 바로 **비폭력·불복종 운동**이었지.

"우리는 폭력을 쓰지 맙시다. 대신 영국 정부가 하는 일을 따르지 않기로 해요."

이에 영국 정부 밑에서 일하던 ★공무원들은 스스로 물러났고, 영국의 공장 노동자나 가게 종업원들도 일을 그만두었어.

간디는 또한 영국 상품을 사지 않고 대신 인도인이 직접 만든 물건

76

을 쓰자는 '★스와데시 운동'도 벌였어. 그래서 직접 물레를 돌려 실을 뽑아 옷을 만들어 입었지. 이 모습을 본 많은 인도인들이 함께 운동에 동참했어. 세금을 내지 않는 등 영국의 법을 일부러 어겨서 영국에게 피해를 주기도 했지. 간디에 주목한 세계인들은 이제 영국의 인도 지배를 비난하기 시작했어.

간디와 함께 인도 국민 회의를 이끈 네루는 더 강하게 영국에 맞서 독립을 요구했어. 계속된 인도인들의 저항에 영국은 결국 인도인들의 자치권을 일부 인정할 수밖에 없었어. 인도인은 투표권을 갖고 정치에 참여할 수 있었지. 하지만 인도의 군사권과 외교권은 여전히 영국에게 있었어.

베트남 역시 독립을 조건으로 제1차 세계 대전에서 프랑스를 도왔지만, 프랑스도 약속을 지키지 않았어. 이에 독립운동가 호찌민은 파리 강화 회의에 참석해 베트남의 독립을 외쳤지만 서양 나라들에 의해 쫓겨났지. 이후 호찌민은 사회주의를 받아들여 공산주의자가 되었고 베트남 공산당을 조직했어. 프랑스의 탄압 속에서도 꺾이지 않으며 베트남 독립운동을 이끌어 나갔지.

한편 350년 넘게 네덜란드의 지배를 받던 인도네시아에서는 원주민 출신 운동가 수카르노가 네덜란드의 지배에 맞선 독립운동을 벌였어.

이렇듯 인도와 동남아시아의 여러 국가들은 식민 지배에 맞서 저항했지만 독립을 얻어 내기란 쉽지 않았어. 이들의 투쟁은 제2차 세계 대전 이후까지 계속되었지.

낱말 체크

★ **자치권** 스스로를 다스리는 권리.

★ **공무원** 국가 또는 지방 공공 단체의 사무를 맡아보는 사람.

★ **스와데시** 힌디어로 '모국'을 뜻하는 말.

호찌민

'호 아저씨'라는 별명으로도 유명한 호찌민은 베트남 사람들이 존경하는 인물 중 한 명이야. 외세의 침략에 맞서 베트남의 독립과 통일을 위해 평생을 바쳤거든. 훗날 베트남의 최고 지도자가 된 후에도 늘 검소한 생활을 했던 그는 사망 후에 옷 한 벌과 신발 한 켤레만 남겼다고 해. 베트남 사람들은 호찌민을 기억하기 위해 사이공이라는 도시의 이름을 '호찌민'으로 바꾸기도 했어.

▶ 간디의 소금 행진 ▼

인도에서는 영국 정부만이 소금을 만들어 팔 수 있었어. 허락 없이 소금을 만들어 팔면 처벌을 받거나 비싼 세금을 내야 했지. 간디는 소금으로 인도를 탄압하는 영국에 맞서 직접 소금을 얻기 위한 행진을 시작했어. 78명으로 시작한 이 행진은 어느새 수천 명으로 늘어났지. 24일 동안 맨발로 385km를 행진해 바닷가에 도착한 간디는 주전자에 바닷물을 담아 끓여 한 줌의 소금을 얻어 냈지. 그러나 영국은 이 일로 간디를 비롯한 수만 명의 인도인을 감옥에 가두었어.

쏙쏙 퀴즈 맞는 것 고르기

1. 간디는 비폭력과 (불복종/복불복) 운동을 주도했다.

2. (수카르노/호찌민)는(은) 베트남 독립운동을 이끌었다.

1919~1937년 동아시아

156 장제스, 북벌에 성공하다

#5·4 운동 #국공 합작
#장제스 #북벌
#마오쩌둥 #대장정
#싸우고합치고또싸우고합치고

중국에서는 신해혁명으로 중화민국이 세워졌지만, 군대를 거느리고 지방을 다스리던 군벌 세력의 권력 다툼으로 혼란은 계속되었어. 그러던 중 제1차 세계 대전이 일어나자 일본은 독일이 갖고 있던 산둥반도 땅과 그 땅의 모든 권리를 일본에 넘기라는 '21개조 요구'를 중국에 강요했어. 중국인들은 권리를 빼앗기기 싫었지만, 일본의 힘에 ★굴복한 군벌 세력이 요구를 받아들였지.

전쟁 후 열린 파리 강화 회의에서 중국은 21개조 요구가 무효라고 주장했지만, 연합국은 일본 편을 들어 산둥반도를 일본에 넘겨주었어. 이 소식이 전해지자 1919년 5월 4일, 베이징 대학생 수만 명이 톈안먼 앞에 모여 시위를 시작했지.

"21개조 요구를 취소하라! 산둥반도를 돌려 달라!"

"군벌을 몰아내자!"

5·4 운동이라 불리는 이 시위는 전국적인 민족 운동으로 커졌어. 학생들은 수업을 거부했고, 상인들은 가게 문을 닫았으며, 노동자들은 파업으로 맞서 싸웠지.

5·4 운동 이후 쑨원은 국민당을 만들었어. 러시아 혁명의 영향을 받아 공산당도 만들어졌지. 공산당은 농민의 지지를 받았지만 국민당과는 사이가 좋지 않았어.

"군벌을 몰아내는 게 우선이야. 그러려면 공산당과 손잡아야 해."

이렇게 생각한 쑨원은 공산당과 손잡고 군벌과 싸우기로 했어. 이를 제1차 국공 ★합작이라고 불러. 국민당과 공산당은 학교를 세워 병사를 훈련시키며 힘을 키웠어. 그러나 쑨원은 뜻을 이루지 못한 채 세상을 떠나고 말아.

쑨원에 이어 국민당을 이끈 장제스는 중국 남부에서 출발해 각 지방 군벌들을 공격했어. 이를 북쪽의 군벌을 정벌한다 해서 북벌이라 불러. 북벌에 성공한 장제스는 중국을 통일하고 난징을 수도로 국민당 정부를 세웠지. 그러나 장제스는 이 과정에서 공산당을 배신하고 탄압해 제1차 국공 합작은 깨지고 말았어.

이후 국민당 정부는 많은 공산당원들을 잡아 처형했어. 마오쩌둥이 이끄는 공산당은 국민당 정부의 탄압을 피해 탈출하는 대장정을 시작했지. 그러나 일본의 본격적인 침략이 시작되자 국민당과 공산당은 잠시 싸움을 멈추고 공동의 적 일본을 몰아내기 위해 다시 손을 잡았어. 이를 제2차 국공 합작이라고 해.

★ **굴복** 힘이 모자라서 다른 나라에 복종함.

★ **합작** 힘을 합함.

중국 국민당과 공산당

신해혁명 이후 일본으로 몸을 피했다가 돌아온 쑨원은 5.4 운동을 지켜보며 국민들이 힘을 모으면 나라의 어려움을 극복할 수 있음을 깨닫고 국민당을 만들었어. 한편 일본 편만 드는 서양 제국주의 나라들에 실망한 중국 지식인 사이에서는 사회주의가 널리 퍼졌지. 소련이 억압받는 민족들의 독립 투쟁을 도와주겠다고 약속했기 때문이야. 사회주의를 받아들인 지식인들은 공산당을 만들어 활동했어. 마오쩌둥이 공산당을 대표하는 인물이야.

▶ 마오쩌둥의 대장정

장제스는 국민당 정부를 세운 후 더 거세게 공산당을 공격했어. 마오쩌둥은 공산당군을 이끌고 국민당 정부의 손아귀에서 탈출하기로 했지. 쫓아오는 국민당 군대와 싸우면서 1년 동안 12,000km, 중국 대륙 한 바퀴를 걸어서 이동했어. 옌안 지방의 농촌 마을에 도착했을 때 공산당군의 수는 출발할 때의 10분의 1밖에 남지 않았다고 해. 이 어려운 시기를 함께 견뎌 내고 살아남은 공산당 사람들은 더 끈끈해졌지.

쏙쏙 퀴즈 맞으면 O, 틀리면 X

1 5·4 운동 이후 쑨원은 국민당을 만들었다.

2 장제스는 북벌 이후에도 공산당과 좋은 관계를 유지했다.

20세기 초반  아메리카

157 미국, 세계 최고의 공업국으로 우뚝 서다

#세계 최고의 공업국
#자동차 대량 생산
#할리우드 영화 #주가 상승
#내가산주식만안올라

1930년대에 미국은 뉴욕 한복판에 무려 102층이나 되는 엠파이어 스테이트 빌딩을 지을 만큼 부유했어. 제1차 세계 대전 기간 동안에 미국은 영국과 프랑스에 무기와 식량을 팔아 엄청난 돈을 벌어 부를 쌓았거든. 참전 후에도 미국 땅은 전쟁터가 아니었기 때문에 영국과 프랑스에 비해 피해가 크지 않았지.

전쟁이 끝난 후 수많은 공장이 세워지면서 미국의 ★공업 생산량이 놀라울 정도로 늘어났어. 전쟁으로 공장과 시설이 파괴된 영국과 프랑스를 대신해 수출도 크게 늘었지. 그렇게 1920년대 미국은 **세계 최고의 공업국**이 되어 엄청난 황금기를 누렸어. 유럽 국가들의 전쟁 피해 복구를 위해 물자와 돈을 지원해 줄 정도였지.

특히 자동차는 더 이상 부자들의 사치품이 아니라 모든 미국 가정

마다 한 대씩 있는 생활필수품이 되었어. 기업가 **헨리 포드**는 자동차 공장에 컨베이어 시스템을 들여왔어. 돌아가는 컨베이어 벨트 위에 자동차를 올리고 노동자들이 부품을 차례로 조립하면 자동차가 뚝딱 만들어졌지. 자동차 한 대를 만들어 내는 시간이 획기적으로 줄어들면서 **대량 생산**을 할 수 있게 된 헨리 포드는 자동차 가격을 과감하게 낮췄고 노동자들은 월급을 모아 쉽게 자동차를 가질 수 있었어.

"먹고사는 게 풍족해졌으니 이제 문화생활도 좀 해 볼까!"

이 시기 미국 사람들은 **할리우드**에서 만들어진 영화를 즐겼고 야구장에서 경기를 관람하며 환호했어. 미국 야구 역사상 최고 스타인 베이브 루스가 이 시기에 활약했지. 미키 마우스를 주인공으로 하는 애니메이션도 이때 만들어진 거야. 밤마다 도시 곳곳에서는 화려한 파티가 열렸고 사람들은 재즈 음악에 열광했어. 라디오가 보급되며 매일 저녁 집에서 편하게 드라마와 스포츠 중계를 즐길 수 있었지.

"우리 미국의 황금기는 영원히 계속될 거야."

뉴욕의 **월스트리트 주식 시장**에서는 ★주식의 가격이 끊임없이 올랐어. 미국 경제가 앞으로도 쭉 좋을 것이라 생각한 미국 사람들은 돈을 끌어모아 계속 주식에 투자했지. 주식으로 많은 돈을 벌어 벼락부자가 된 사람들을 보면서 더 많은 사람들이 주식 투자에 뛰어들었어. 회사들도 돈을 벌기 위해 주식에 투자했지. 돈이 없는 사람들은 은행에서 돈을 빌려 주식을 사기도 했어.

낱말 체크

★ **공업 생산** 제조업, 건설업 등의 산업을 통해 물건을 만들어 냄.

★ **주식** 투자자가 주식회사에 돈을 투자하고 받는 지분.

월스트리트

세계 경제에 큰 영향을 미치는 큰 은행, 투자 회사, 뉴욕 증권 거래소 등의 금융 기관이 모여 있는 뉴욕의 거리야. 제1차 세계 대전 이후 세계 금융의 중심지가 되어 지금까지 전 세계의 돈이 모여들고 있어.

할리우드

미국 LA에 있는 미국 영화 산업의 중심지야. 1920년 영화 촬영소가 세워지면서 수많은 영화들이 만들어지고 수많은 유명 배우들이 탄생했지. 지금도 미국 영화와 텔레비전 프로그램을 대표하는 말로 사용되고 있어.

▶ 찰스 린드버그의 비행 ▼

1927년 미국의 조종사 찰스 린드버그는 작은 비행기를 몰고 세계 최초로 쉬지 않고 대서양을 건너는 데 성공했어. 뉴욕을 출발해 꼬박 33시간 30분을 날아 파리 공항에 도착한 거야. 이 비행을 본 미국인들은 이제 미국은 더 이상 못 할 것이 없다는 희망에 부풀었지. 린드버그의 비행으로 사람들은 장거리 비행에 자신감을 갖게 되었고 이후 항공기와 비행 기술이 크게 발전했어.

찰스 린드버그가 그의 비행기와 함께 찍은 사진

쏙쏙 퀴즈 맞는 것 고르기

1. 제1차 세계 대전 이후 (중국/미국)은 최고의 공업국이 되었다.

2. 미국인들은 (발리우드/할리우드)에서 만들어진 영화를 즐겼다.

 1929년 미국과 유럽

158 대공황, 세계를 휩쓸다

#주가 폭락
#실업자 증가
#대공황
#잘나가던경제망하는건한순간

1929년 10월 24일 목요일, 미국 뉴욕 증권 거래소가 떠들썩했어.

"말도 안 돼! 주가가 하루 만에 이렇게 *폭락하다니…."

거의 모든 기업의 주식 가격이 크게 떨어진 거야. 미국 사람들은 이 날을 '검은 목요일'이라고 불러. 악몽은 하루로 끝나지 않았어. 겁에 질린 사람들이 자신이 가진 주식을 모두 내다 팔면서 주식 가격은 계속 떨어졌지. 사람들이 산 주식은 휴지 조각이나 마찬가지였어. 주식에 많은 돈을 *투자한 회사들도 큰 손해를 입자 회사 문을 닫게 됐어. 그러자 실업자들이 거리로 쏟아졌지. 빚을 내 주식을 산 사람들이 그 돈을 갚지 못하면서 은행도 어려워졌어.

"빨리 가서 *저축한 돈을 찾아야겠어!"

소식을 들은 사람들이 한꺼번에 은행에서 돈을 찾으려 하자 은행

★ hash house 저렴한 식당

들도 망하기 시작했어. 한때 잘 나갔던 미국 경제가 한순간에 주저앉은 거야.

이는 미국이 경제적으로 번영하자, 기업들이 팔리는 것을 생각하지 않고 무조건 많이 만들어 내기만 했기 때문이야. 팔리지 않은 물건들은 창고에 쌓였고 운영이 힘들어진 회사는 문을 닫았지. 회사가 망해 실업자가 된 사람들은 물건 살 돈이 없었고, 안 팔린 물건들은 창고에 더 쌓여 갔어. 이 악순환이 반복되다 경제가 완전히 무너진 거야.

일자리를 잃은 미국인들은 무료 급식을 받기 위해 줄을 섰고 노숙자 보호소에서 잠을 해결했어. 먹을 것이 없어 굶어 죽는 사람도 나타났지. 실업자들이 거리에서 일자리와 가난을 해결해 달라는 시위를 벌이기도 했어.

이렇게 시작된 경제 위기는 미국만의 문제로 끝나지 않았어. 미국이 투자한 돈을 거둬들이면서 미국의 도움을 받던 유럽의 회사와 은행도 위기를 맞았고, 세계 경제가 도미노처럼 쓰러졌지.

이러한 전 세계적 경제 위기를 **대공황**이라고 불러. 원래 공황은 '심리적 불안 상태'를 뜻하는데, 이 시기 대공황은 '세계적으로 일어난 경제의 큰 혼란'을 의미해.

프랑스나 영국도 피해가 컸지만, 가장 큰 피해를 입은 나라는 독일이었어. 미국의 투자로 전쟁의 상처를 겨우 회복해 가던 독일 경제는 다시 주저앉을 수밖에 없었지. 이제 각 나라들은 대공황 극복을 위한 노력을 각자 알아서 시작해야 했어.

낱말 체크

★ **폭락** 물건값이나 주가 등이 갑자기 큰 폭으로 떨어짐.

★ **투자** 이익을 얻기 위해 어떤 일이나 사업에 돈을 대거나 시간과 정성을 쏟음.

★ **저축** 절약하여 모아 둠.

미트로프

미트로프는 고기를 갈아서 달걀, 야채, 밀가루와 섞어 반죽한 후 오븐에 구워 만든 미국의 국민 요리야. 대공황 시기에 생활비가 부족했던 주부들이 싼값으로 가족들에게 많은 양의 고기를 먹이기 위해 만들었다고 해.

▶ 후버빌 ▼

후버빌은 대공황으로 집을 날린 수십만 명의 실업자와 그 가족들이 살았던 빈민촌이야. 박스나 나무판자로 만들어져 겨우 비나 추위를 막을 정도의 판자집들이 모여 있었어. 미국 사람들은 이 마을에 대공황 당시 미국 대통령이었던 허버트 후버의 이름을 붙였어. 후버 대통령은 대공황으로 인한 경제 위기를 제대로 해결하지 못한 무능한 대통령이라고 크게 비난받았지.

쏙쏙 퀴즈 맞으면 O, 틀리면 X

1 1929년 미국의 주가가 큰 폭으로 떨어지면서 대공황이 시작되었다.

2 대공황은 미국만의 경제 위기 문제로 끝났다.

1930년대 초반 

159 대공황에 맞선 미국과 유럽

#루스벨트 #뉴딜 정책
#대규모 건설 사업
#경제 블록 #블록 경제
#국가가개입해야경제가산다!

대공황의 위기로 고통받던 미국에서 **루스벨트**가 새 대통령에 당선되었어. 루스벨트는 대공황의 위기를 극복하기 위해 새로운 정책을 내놓았지.

"**뉴딜 정책**을 실시하겠습니다. 여러분, 희망을 가지세요!"

뉴딜은 원래 카드 게임에서 쓰는 말로, '새로운 게임을 하기 위해 (new) 카드를 다시 돌린다(deal).'는 뜻이야. 이를 적용하면 기존 미국 경제의 판을 없애고 새로운 판을 시작하겠다는 정책이라고 할 수 있지.

뉴딜 정책의 핵심은 '국가가 경제에 적극적으로 나선다.'였어. 루스벨트는 먼저 **대규모 건설 사업**을 벌여 많은 미국인들에게 일자리를 주었어. 테네시강 주변에 도로와 댐을 건설하는 사업이 대표적이야.

이 공사로 3백만 명의 노동자가 일자리를 얻었지.

일자리를 얻은 노동자들의 생활은 한결 나아졌고 경제는 조금씩 살아나기 시작했어. 예술가들도 일자리를 얻었어. 거리에 벽화를 그리거나 거리에서 음악을 연주할 수 있도록 국가가 지원해 주었거든. 국가가 나서 회사들끼리 지나치게 경쟁하는 것을 방지했고, 남는 농산물을 사들여 농산물값이 떨어지는 것을 막았지.

또한 노동자들의 권리를 보장해 주었고 ★연금이나 보험을 통해 안정된 생활을 할 수 있도록 도왔어. 노동자의 형편이 좋아져야 경제가 살아날 수 있을 테니 말이야. 이렇게 다양하게 실시된 뉴딜 정책으로 미국은 대공황의 위기에서 점차 벗어날 수 있었어.

그러나 미국과 달리 영국과 프랑스는 국가가 나서서 사업을 벌일 만한 돈이 없었어. 다만 이들에게는 많은 식민지가 있었지.

"우리가 가진 식민지를 하나로 묶어 우리를 지켜야겠어."

영국과 프랑스는 자국이 가진 식민지를 하나로 묶어 **경제 블록**을 만들었어. 같은 경제 블록에 속한 지역끼리 무역할 때 세금을 붙이지 않는 반면에, 경제 블록 밖의 나라들이 파는 물건에는 높은 세금을 붙여 자국 상품이 더 잘 팔리게 했지. 너무 많이 생산되어 창고에 쌓인 물건들은 식민지에 팔아 넘겼어. 이렇게 식민지를 묶어 대공황의 위기를 극복하려는 정책을 '**블록 경제**'라고 불러.

낱말 체크

★ **연금** 특별한 공로가 있거나 일정 기간 동안 국가 기관에서 일한 사람에게 해마다 주는 돈.

프랭클린 D. 루스벨트

미국에는 루스벨트 대통령이 두 명 있어. 제26대 시어도어 루스벨트와 제32대 프랭클린 루스벨트지. 프랭클린 루스벨트 대통령은 뉴딜 정책으로 대공황을 극복하고, 제2차 세계 대전과 같은 큰 위기도 이겨 내 미국을 초강대국의 위치에 올려놓았어. 미국 역사상 유일하게 대통령을 4번이나 지낸 인물이기도 해.

▶ 경제학자 케인스

대공황 이전에 국가들은 되도록 경제에 간섭하지 않으려 했어. 국가가 섣부르게 간섭한다면 경제에 더 큰 문제가 생긴다고 생각한 거지. 그러나 영국의 경제학자 케인스는 대공황과 같은 경제 위기가 닥치면 너무 많은 국민이 고통을 겪기 때문에, 국가가 적극적으로 나서야 한다고 주장했어. 국가가 경제에 적극적으로 끼어들어 실업자에게 일자리를 주고 생산을 조절해야 한다는 거야. 루스벨트는 이런 케인스의 생각처럼 적극적으로 경제에 개입하는 뉴딜 정책을 펼쳤고 대공황을 극복할 수 있었어.

존 메이너드 케인스(1883~1946)

쏙쏙 퀴즈 맞는 것 고르기

1 제32대 미국 대통령 (**프랭클린**/시어도어) 루스벨트는 뉴딜 정책을 내놓았다.

2 식민지를 묶어 대공황을 극복하려는 정책을 (**블록**/그룹) 경제라고 한다.

1922~1945년 유럽

160 무솔리니, 이탈리아를 전체주의 국가로 만들다

#이탈리아 #전체주의
#무솔리니 #파시즘
#독재 정치
#남얘기같지않은독재정치

대공황의 경제 위기를 이겨 낼 돈이나 식민지가 없었던 나라들에서는 '전체주의'가 퍼져 나가기 시작했어. 전체주의는 개인보다 집단 전체가 더 중요하다는 생각이야. 전체의 이익을 위해서라면 개인의 자유와 권리쯤은 무시해도 좋다는 ★이념이지.

유럽에서 전체주의가 제일 먼저 나타난 나라는 이탈리아였어. 이탈리아는 제1차 세계 대전에서 연합국 편에 서서 싸워 승리했지만, 전쟁 후 아무 것도 얻지 못해 국민들의 불만이 많았지. 게다가 대공황으로 경제가 어려워져 사람들은 일자리를 구하기 힘든 상황에 물가는 계속 올랐어. 노동자들은 곳곳에서 ★파업을 벌였지.

"목숨 바쳐 전쟁에서 싸우고 돌아왔는데, 살기가 이렇게 힘들어져서야, 참."

이탈리아 사람들은 이런 어려운 상황 속에서 자신들을 구해 줄 강력한 지도자를 기다리게 되었어. 이때 무솔리니가 나타났지.

"이탈리아는 옛 로마 제국의 영광을 되찾을 것입니다!"

무솔리니는 이탈리아를 강한 나라로 만들기 위해 전체주의가 필요하다고 외쳤어. 무솔리니는 이를 파시즘이라고 불렀지. 지금도 파시즘은 전체주의와 같은 뜻으로 사용돼. 무솔리니는 자신을 따르는 사람들과 함께 '파시스트당'을 만들어 세력을 키워 나갔어. 이탈리아 사람들은 무솔리니와 파시스트당에 점점 빠져들었지.

"무솔리니가 우리를 어려움에서 구해 줄 거야."

1922년 무솔리니는 자신의 군대인 '검은 셔츠단'을 이끌고 로마로 쳐들어가 권력을 잡았어. 놀란 이탈리아 왕은 무솔리니에게 총리 자리를 맡겼지. 이탈리아의 총리가 된 무솔리니는 강력한 독재 정치로 국민들의 자유를 억눌렀어.

무솔리니는 파시스트당 외의 다른 정당은 모두 없애 버렸고 파시스트들이 군인과 경찰을 맡아 국민들을 관리했어. 신문사들을 강제로 문 닫게 했고 조금이라도 무솔리니와 파시스트당을 비판하면 모조리 체포해 갔지. 무솔리니는 이 모든 독재가 다 이탈리아를 위한 것이라고 주장했어.

낱말 체크

★ **이념** 이상적인 것으로 여겨지는 생각이나 견해.

★ **파업** 하던 일을 중지함.

파스케스

파시즘은 '파스케스'에서 나온 말이라고 해. 파스케스는 여러 개의 나무 막대를 묶어서 만든 도끼인데 고대 로마 권력자들이 들고 다니던 무기야. '가느다란 나무 막대도 뭉치면 강해진다.'는 뜻에서 단결을 통한 힘, 즉 파시즘을 상징하게 되었지. 파시즘의 창시자인 무솔리니의 무덤은 이 파스케스로 장식되어 있다고 해.

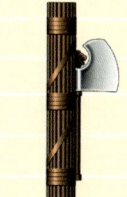

파스케스의 모습

▶ 에스파냐 내전을 일으킨 프랑코 장군

제1차 세계 대전 이후 에스파냐에서 사회주의 세력이 권력을 잡자 전체주의를 주장하는 프랑코 장군이 이에 반대해 군대를 이끌고 반란을 일으켰어. 이어 사회주의 정부군과 프랑코의 반란군 사이에서 내전이 시작되었지. 무솔리니와 히틀러 등 전체주의 세력이 무기를 보내 프랑코의 군대를 도와주었고 에스파냐 곳곳에서 폭격과 학살이 벌어졌어. 결국 3년 동안 이어진 내전에서 승리한 프랑코는 권력을 차지하고 스페인에서 전체주의 독재를 펴 나갔어.

쏙쏙 퀴즈 — 맞으면 O, 틀리면 X

1. 제1차 세계 대전 이후 이탈리아에서는 전체주의가 떠올랐다.

2. 무솔리니는 파시스트당을 만들어 세력을 키웠다.

1919~1935년 유럽

161 히틀러, 독일을 장악하다

#독일 #히틀러
#나치즘 #비밀경찰
#유대인 말살 정책
#인종주의광기속빛나는솔남매

제1차 세계 대전의 *타격이 가장 컸던 나라는 독일이었어. 독일 국민들은 베르사유 조약으로 자존심에 큰 상처를 입었지. 엎친 데 덮친 격으로 대공황까지 터지면서 독일 경제는 다시 폭삭 주저앉았어. 그때 절망에 빠진 독일 국민들 앞에 <mark>아돌프 히틀러</mark>가 나타났지. 히틀러는 독일 전체주의를 이끈 인물이야.

"독일은 위대합니다. 다시 일어나 세계를 지배할 것입니다."

히틀러는 사실 오스트리아에서 태어났어. 화가를 꿈꿨지만 미술학교 입학시험에 번번이 떨어지면서 그 꿈을 포기할 수밖에 없었지. 제1차 세계 대전이 일어나자 히틀러는 독일로 건너가 입대한 후, 독일군 연락병으로 활약했다고 해. 전쟁이 끝난 후 히틀러는 나치당에 들어가 정치 활동을 시작했어. 그는 뛰어난 연설로 사람들의 마음을

움직였고 **나치당**의 대표 자리까지 올라갔어.

"이 모든 혼란은 유대인 때문입니다. 국민 여러분, 나치당과 함께 똘똘 뭉칩시다!"

독일 국민들은 히틀러의 나치당에 열렬한 지지를 보냈어. 히틀러의 등장 전까지 그다지 존재감이 없었던 나치당은 이내 독일의 최대 정당이 되었지. 독일의 총리가 된 히틀러는 의회의 권력을 손에 쥐고 나치당 외의 다른 정당은 모두 해산시켰어. 그리고 독일의 ★총통이 되었지. 이제 독일은 히틀러의 나라가 된 거야.

히틀러는 아우토반 등 대규모 건설 공사로 노동자들의 일자리를 늘리고, 휴일을 보장하는 등 여러 혜택을 주어 노동자들의 마음을 사로잡았어. 그러고는 연합국에게 베르사유 조약을 지키지 않겠다고 선언했지. 이제 히틀러는 배상금을 내는 것도 멈추고, 군대도 빠르게 늘리며 다시 전쟁을 준비하기 시작했어. 독일 국민들은 이런 히틀러의 행동 하나하나에 환호했어.

"하일, 히틀러(히틀러 만세)!"

하지만 나치당은 뒤에서 무시무시한 **비밀경찰**과 ★돌격대를 동원해 히틀러와 나치당에 반대하는 사람들을 잡아갔어. 또한, 모든 사회 문제를 **유대인** 탓으로 돌렸지. 유대인들은 재산을 뺏기고 독일에서 쫓겨나거나 죽음을 당하기도 했어. 이런 히틀러와 나치당의 전체주의를 '**나치즘**'이라고 해.

낱말 체크

★ **타격** 어떤 일에서 크게 기를 꺾음. 또는 그로 인한 손해.

★ **총통** 나랏일을 총괄하여 집행하는 최고 책임 직위.

★ **돌격대** 앞장서서 재빠르게 적진으로 쳐들어가는 부대나 구성원.

아우토반

아우토(Auto)는 자동차, 반(Bahn)은 길이라는 뜻이야. 독일 전국을 연결하는 고속 도로지. 독일 아우토반의 일부 구간은 속도 제한이 없는 것으로 유명해.

《나의 투쟁》

총통이 되기 전 히틀러는 독일에서 반란을 일으켰다가 실패해 재판을 받고 감옥에 간 적이 있어. 《나의 투쟁》은 히틀러가 감옥에 있는 동안 남긴 자서전으로, 전체주의와 인종주의에 대한 히틀러의 생각이 드러난 책이야.

▶ 히틀러에 맞선 솔 남매

나치당은 나치즘을 교육시키기 위해 청소년 단체를 만들었어. 한스 솔과 조피 솔 남매도 이 단체에 속했지. 그러나 솔 남매는 나치당이 독일 발전에 도움이 되지 않는다는 이유로 장애인들을 죽이거나 불임 수술을 시킨다는 얘기를 듣고 충격을 받았어. 그래서 나치에 반대하는 학생 비밀 단체인 백장미단을 만들었지. 남매는 히틀러와 나치당을 고발하는 활동을 하다 체포되고 말았어. 그리고 체포된 지 4일 만에 처형되었지. 남매는 처형 직전까지 "자유여, 영원하라!", "태양은 아직도 빛난다!"라고 외쳤다고 해.

한스 솔(1918~1943)과 조피 솔(1921~1943)

쏙쏙 퀴즈 - 맞는 것 고르기

1 히틀러와 나치당의 전체주의를 (파시즘 / 나치즘)이라고 한다.

2 나치당은 (유대인 / 아리아인) 혐오를 내세운 인종주의 정책을 펼쳤다.

1924~1939년 유럽

162 스탈린, 소련을 독재 국가로 만들다

#소련 #볼셰비키당
#스탈린 #피의 대숙청
#경제 개발 5개년 계획
#무엇을위한사회주의혁명?

소련에서는 레닌이 죽은 후 **스탈린**이 권력을 잡았어. 젊은 시절 레닌의 글을 읽고 감동을 받은 스탈린은 레닌이 만든 *볼셰비키당에 가입해 사회주의 혁명의 길로 뛰어들었지. 곳곳에서 크고 작은 혁명 활동을 벌이다 체포되어 일곱 차례나 시베리아로 쫓겨났고, 그때마다 탈출해 다시 혁명 활동을 벌였어.

스탈린이라는 이름은 혁명 활동을 위해 지은 가명으로, '강철의 사나이'라는 뜻이야. 스탈린은 러시아 혁명 때 군대에서 활약하며 레닌의 인정을 받아 당에서 위치가 점점 높아졌어. 레닌이 세상을 뜨자 스탈린이 소련의 모든 권력을 장악하게 되었지. 그는 자기 생각대로 소련을 바꿔 가기 시작했어. 먼저 레닌의 신경제 정책을 버리고 새로운 경제 계획을 내놓았어.

"나, 스탈린은 국가 주도로 사회주의 계획 경제를 시작하겠다!"

소련을 농업 국가에서 철강, 기계, 제조업 등이 발달한 중공업 중심의 국가로 변화시키기 위해 스탈린은 '경제 개발 5개년 계획'을 시작했어. 중공업이 발전해야 다른 산업도 발전할 수 있다는 생각 때문이었지. 국가가 생산 계획을 짜서 명령을 내리면 공장의 노동자들은 무조건 주어진 양을 채워야 했어.

"철강 생산을 더 늘리라고?! 휴, 목표량을 채우려니 너무 힘드네."

스탈린의 경제 개발 계획으로 소련은 공업 생산을 크게 늘려 세계적인 공업 국가로 성장할 수 있었지만, 그 과정에서 노동자들은 크게 고통받았지.

스탈린은 자신에게 반대하는 사람들을 가만두지 않았어.

"나 스탈린에 반대하는 이들은 모두 혁명의 적이다!"

스탈린에 반대하는 사람들은 잡혀가 가차 없이 ★숙청당했어. 장군, 학자, 예술가, 정치인까지 가리지 않는 '피의 대숙청'이었지. 스탈린의 비밀경찰은 전 국민을 감시하고 처형해 사람들을 공포에 떨게 했어. 언론을 압박해 신문과 뉴스에서도 스탈린에 대한 좋은 이야기만 나왔어. 이제 소련은 스탈린과 공산당을 신처럼 따르며 무조건 복종해야 하는 독재 국가가 되어 버렸지. 비록 사회주의 국가였지만 스탈린은 소련 국민들에게 이탈리아, 독일과 같은 전체주의를 강요한 거야.

낱말 체크

★ **볼셰비키** 러시아어로 '다수파'라는 뜻으로, 레닌을 지지한 급진파를 이르던 말.

★ **숙청** 반대파를 처단하거나 제거함.

집단 농장

스탈린 시절, 소련은 농민들의 땅을 빼앗아 집단 농장으로 만들었어. 땅을 잃은 농민들은 집단 농장의 직원으로 일하며 수확물을 나눠 받아야 했지. 집단 농장에서 생산된 곡식 대부분은 국가가 가져가 공장 노동자들에게 나누어 줬고, 농민들은 늘 식량 부족에 시달렸어. 소련 땅에 속했던 우크라이나에서도 집단 농장이 운영되었는데, 이로 인해 1932년부터 2년 동안 3백만 명의 우크라이나 사람들이 굶주림으로 사망하기도 했어.

▶ 스탈린과 트로츠키의 권력 투쟁 ▼

레닌 이후 두 사람이 후계자로 떠올랐어. 트로츠키는 러시아 혁명을 주도하고 내전을 승리로 이끈 인물이었지만, 성격이 까칠해 공산당 내에서 지지를 받지 못했어. 반면 스탈린은 트로츠키만큼 공을 세우지는 못했지만, 동료들의 지지를 받고 있었지. 스탈린은 이를 이용해 트로츠키를 따돌리며 권력을 잡아 나갔어. 사실 레닌은 유서에 '스탈린은 지나치게 무자비한 성격이기에 권력을 넘겨서는 안 된다.'고 남겼지만, 스탈린이 이 유서를 숨겨 버렸다고 해. 레닌이 죽자 스탈린은 트로츠키를 소련 밖으로 쫓아내고 권력을 잡았어.

트로츠키(1879~1940)와 스탈린(1878~1953)

쏙쏙 퀴즈 맞으면 O, 틀리면 X

1. 스탈린은 레닌의 경제 정책을 이어 갔다. ☐

2. 스탈린은 자신에게 반대하는 사람들을 모두 숙청했다. ☐

1939년

163 제2차 세계 대전이 일어나다

#독일의 폴란드 침공
#제2차 세계 대전
#샤를 드골 #레지스탕스
#어디에나애국자는있기마련

전체주의 국가들은 대공황의 위기를 극복하기 위해 군대를 키워 주변국을 침략했어. 무솔리니는 에티오피아를 침략했고, 히틀러는 오스트리아를 합친 후 체코슬로바키아를 점령했지.

"소련과 독일은 서로 침략하지 않기로 약속합시다."

히틀러는 소련의 스탈린을 비밀리에 만나 **독·소 *불가침 조약**을 맺었어. 독일과 소련이 서로를 침략하지 않겠다는 약속이었지. 독일이 영국, 프랑스와 전쟁을 하게 될 때를 대비해 그 반대쪽에 있는 소련을 묶어 두기 위해서였어. 그리고 1939년 독일은 **폴란드를 침략**했어.

독일의 침략 전쟁을 더 이상 두고 볼 수 없었던 영국과 프랑스가 독일에 전쟁을 선포하면서 세계는 다시 전쟁의 소용돌이에 빠져들었지. **제2차 세계 대전**이 시작된 거야. 독일은 무서운 속도로 주변국

을 점령해 나갔어. 북유럽의 덴마크, 노르웨이를 차지하고 벨기에, 네덜란드를 거쳐 프랑스를 공격했지. 프랑스는 6주 만에 독일에 항복했어. 이제 프랑스 땅 절반은 독일의 지배를 받게 되었어.

"제1차 세계 대전 때 독일의 공격을 끝까지 막아 냈던 우리 프랑스가 이렇게 무너지는구나."

프랑스의 나머지 절반 땅에도 독일에 ★충성하는 정부가 만들어졌어. 남프랑스의 비시를 수도로 삼았기에 비시 프랑스라고 불렸는데, 비시 프랑스는 독일군에 전쟁 물자와 노동자를 보내거나 유대인들을 탄압하면서 나치에 협력했지.

그러나 모든 프랑스인이 독일에 협력한 것은 아니었어. 프랑스의 애국자 **샤를 드골** 장군은 영국으로 건너가 '자유 프랑스' 정부를 세우고 독일에 대한 저항을 계속해 나갔지. 영국 BBC 방송에 출연해 프랑스 국민들에게 함께 싸우자는 메시지를 보내기도 했어.

"프랑스 국민 여러분, 저항 운동의 불길은 꺼지지 않아야 해요."

이에 자극을 받아 프랑스 본토에서도 침략당한 조국을 되찾기 위해 독일에 맞서 싸우겠다는 사람들이 나타났어. 이들을 '**레지스탕스**'라고 불러. 프랑스어 '저항하다'에서 나온 말이지. 남녀노소 많은 프랑스인들이 나치 고위층을 암살하고 군사 시설을 파괴하며 프랑스에서 나치를 몰아내기 위해 레지스탕스 운동에 뛰어들었어. 이들은 일제 강점기 한국의 독립군 같은 사람들이었어.

★ **불가침** 침범하여서는 안 됨.
★ **충성** 나라에 대해 진심으로 우러나오는 정성.

마지노선

프랑스는 독일과의 국경 지역에 철갑 요새를 세워 히틀러의 침략에 대비하고 있었어. 건설을 제안한 프랑스의 전쟁부 장관 '마지노'의 이름을 따서 '마지노선'이라고 불렀지. 그러나 독일군은 마지노선 위쪽으로 빙 돌아 벨기에 쪽에서 프랑스를 공격했어. 결국 프랑스는 마지노선을 써 보지도 못하고 독일에 무너졌지. 이후 마지노선은 '마지막까지 지켜야 할 선'을 의미하게 되었어.

▶ **오드리 헵번** ▼

오드리 헵번은 제2차 세계 대전을 몸소 겪은 유명 할리우드 배우야. 제2차 세계 대전이 일어나자 영국에 살던 10살의 오드리는 엄마와 함께 네덜란드로 피난을 갔어. 그러나 독일은 네덜란드까지 점령했고, 오드리의 가족들은 독일군에 전 재산을 빼앗기는 등 어려움을 겪었지. 이에 오드리는 나치에 반대하는 할아버지를 따라 레지스탕스 활동에 참여했어. 연합군을 지하실에 숨겨 주고 음식과 메시지를 전달하거나, 레지스탕스 활동 모금을 위한 비밀 모임에서 발레 공연을 하기도 했어.

쏙쏙 퀴즈 — 맞는 것 고르기

1 독일이 (폴란드 / 벨기에)를 침략하면서 제2차 세계 대전이 일어났다.

2 (비시 / 자유) 프랑스 정부는 독일에 끝까지 저항했다.

1931~1941년 동아시아

164 일본이 아시아 침략을 시작하다

#만주 사변 #중일 전쟁
#군국주의 #난징 대학살
#진주만 공습 #태평양 전쟁
#뵈는게없는일본군국주의

제1차 세계 대전 이후 빠르게 성장했던 일본 경제는 대공황의 충격으로 한순간에 무너졌어. 위기를 해결하지 못한 정부를 대신해 군인들이 나라를 살리겠다며 나섰어.

"만주를 침략해 자원과 식량을 차지하겠습니다. 우리만 믿으세요!"

1931년 일본은 **만주** ★**사변**을 일으켜 만주 땅을 차지하고 '만주국'이라는 나라를 세웠어. 무너진 청나라의 마지막 황제였던 푸이를 데려와 만주국 황제 자리에 앉혔지. 일본은 푸이를 꼭두각시처럼 움직여 만주국을 마음대로 지배해 나갔어.

만주 점령에 성공한 군대는 반란을 일으켜 일본 안에서도 권력을 장악했어. 이제 일본은 군인들이 이끄는 나라가 되었고 이 군인들은 군대를 키워 또 다른 침략을 준비했지. 모든 일본인들은 전쟁을 위해

94

개인의 삶을 포기해야 했어. 이를 군국주의라고 부르는데, 독일, 이탈리아 같은 전체주의의 한 모습이야.

그리고 1937년, 일본군은 그토록 노려 왔던 중국 *본토에 군대를 보내 중일 전쟁을 시작했어. 중국의 국민당과 공산당이 다시 손잡고 일본에 맞섰지만, 침략을 막아 내긴 힘들었지. 일본군은 중국의 도시와 항구를 하나하나 점령했어. 이 당시 중국의 수도인 난징에서는 민간인 수십만 명을 마구잡이로 죽이는 '난징 대학살'을 저질렀어.

그러나 중국은 쉽게 항복하지 않았고, 예상보다 전쟁이 길어지면서 일본은 전쟁 물자가 부족해졌지.

"지금부터 일본은 동남아시아를 공격한다!"

일본은 고무와 석유 등 동남아시아의 풍부한 자원을 노리고 동남아시아를 침략해 베트남과 인도네시아 등을 차지했어. 원래 베트남은 프랑스, 인도네시아는 네덜란드의 식민지였지만, 프랑스와 네덜란드가 모두 독일에 점령되어 있었으니 일본은 쉽게 이 나라들을 차지할 수 있었지.

이런 일본의 겁 없는 침략을 막기 위해 미국이 나섰어. 미국은 일본에 석유 수출을 금지해 곤란에 빠뜨렸지. 이에 맞서 일본은 1941년 미국 해군 기지가 있던 하와이의 진주만을 기습 공격해 태평양 전쟁을 일으켰어. 예상치 못한 일본의 공격에 분노한 미국은 제2차 세계 대전에 참전을 선언했지. 미국은 태평양을 사이에 두고 일본과 싸우는 한편, 유럽에서 벌어지는 독일과의 전투에도 군대를 보냈어.

낱말 체크

★ 사변 한 나라가 상대국에 선전 포고도 없이 침입하는 일.

★ 본토 한 나라의 주가 되는 국토.

추축국

제2차 세계 대전 때에는 전체주의 국가인 독일, 이탈리아, 일본이 서로 동맹을 맺었어. 이들은 자신들이 세계의 축이라고 하며 스스로를 '추축국'이라 불렀어.

대동아 공영권

대동아 공영권이란 일본이 아시아를 침략하면서 펼친 주장이야. 아시아가 서양의 지배에서 벗어나려면 일본을 중심으로 뭉쳐 서양 세력을 몰아내야 한다는 것이지. 이걸 들은 동남아시아 사람들은 처음에 일본군을 환영하며 협조했지만 곧 일본도 침략자일 뿐이란 걸 깨닫고 독립을 위한 투쟁을 벌여 나갔어.

▶ 중일 전쟁이 설사 때문에 일어났다고?

1937년 중국 베이징 근처의 루거우차오 다리 근처에서 총소리가 울리더니 야간 훈련을 하던 일본 병사 한 명이 사라졌어. 일본은 중국군이 일본 병사에게 총을 쏘아 살해한 것이라며 중국을 공격했고 곧 중일 전쟁이 시작되었어. 그런데 그 사라진 일본 병사는 사실, 사라진 것이 아니라 잠시 배가 아파 설사를 하러 간 거였고 20분 후에 무사히 돌아왔어. 때로는 이런 우연이 큰 사건을 만들어 내기도 해.

쏙쏙 퀴즈 — 맞으면 O, 틀리면 X

1 일본은 중일 전쟁을 일으키고 난징 대학살을 저질렀다. ☐

2 일본은 미국을 두려워하여 미국 영토를 공격하지는 않았다. ☐

● 1940~1944　

165 영국, 처칠을 중심으로 저항하다

#영국 대공습
#윈스턴 처칠
#처칠과영국국민의 피땀눈물

프랑스가 독일에 무너지자 이제 유럽에서 독일에 맞설 수 있는 나라는 **영국**뿐이었어. 독일은 영국의 항복을 받아 내기 위해 전투기와 폭격기로 매일같이 영국 땅에 폭탄을 떨어뜨렸지. 초반에는 군사 기지와 무기 공장을 공격했지만, 점차 도시 한복판에 무차별 폭격을 해 댔어. 특히 수도 런던은 독일의 폭격으로 잿더미가 되었지. 그러나 영국은 **처칠** 총리를 중심으로 독일의 공격을 악착같이 버텨 냈어.

처칠은 전쟁 속에서 보여준 리더십으로 유명한 인물이야. 젊은 시절 영국군 장교로 세계 곳곳에서 활약하던 처칠은 남아프리카 전쟁(보어 전쟁)에서 포로로 잡혔다가 탈출하며 전쟁 영웅이 되었어. 이 인기를 바탕으로 영국 의회의 의원에 당선되어 정치인으로 승승장구하던 중, 영국 정부가 히틀러와 독일의 침략 행위에 강하게 대응하지 않는 것에 분노했지.

"영국은 군사력을 늘려 나치 독일의 침략을 적극 막아야 합니다!"

이 주장이 받아들여져 처칠은 66세의 나이로 영국 총리 자리에 올랐어. 그리고 곧 나치 독일의 무자비한 공격으로부터 영국 국민들을 지켜야 하는 임무를 받았어.

"우리는 어떠한 대가를 치르더라도 영국을 지켜 낼 것입니다. 절대 항복하지 않을 것입니다."

처칠의 감동적인 방송 연설에 힘을 얻은 영국 국민들은 독일군의 폭격을 끈질기게 버텨 냈어. 폭격을 피해 지하철역 안에서 잠을 자면서도 다음날 평소와 똑같이 회사에 출근했고, 학생들은 무너진 학교에서 공부를 계속했지. 축구 경기를 보러 많은 관중들이 경기장에 모이기도 했어. 처칠은 "Keep Calm and Carry On(진정하고 하던 일을 계속하라)"이라는 메시지를 보내 국민들을 안심시켰지.

물론 영국군이 독일군의 폭격에 당하기만 했던 건 아니야. 해안가에 레이더를 설치하고 독일 전투기의 위치를 파악한 후 반격해 독일군에 큰 피해를 입히기도 했지.

영국의 강한 저항에 부딪힌 독일은 결국 영국 ★대공습을 중단할 수밖에 없었어. 오로지 전쟁 승리를 목표로 최선의 노력을 다했던 처칠이 영국 국민들과 함께 이루어 낸 일이었지. 처칠의 활약을 기억하는 영국인들은 지금도 처칠을 가장 위대한 영국인 중의 한 사람으로 꼽고 있어.

★ 대공습 크게 공격하여 침.

처칠의 'V' 포즈

처칠의 사진 중에는 오른손으로 V 자 포즈를 하고 있는 사진이 유독 많아. 처칠이 1941년부터 카메라 앞에서 보여준 V는 '승리(Victory)'를 의미하지. 나치 독일과의 전쟁에서 승리하겠다는 의지를 보여 주는 것이었어.

▶ 됭케르크 철수 작전 ▼

독일이 프랑스를 점령하면서 40만 명의 영국, 프랑스, 벨기에 등 연합군이 프랑스 북부의 됭케르크 항구에 고립되었어. 육지로 통하는 길이 모두 막혀서 군인들은 자신을 구해 줄 배가 나타나기를 기다릴 수밖에 없었지. 처칠은 이들을 구하기 위해 고기잡이배, 유람선, 요트 등 수백 척의 배를 모아 됭케르크로 보냈고 33만이 넘는 연합군을 기적적으로 영국 본토로 철수시켰어. 이후 영국은 위기에 처할 때마다 국민들이 힘을 모아 어려움을 극복했던 '됭케르크 정신'을 되새기고 있지.

됭케르크 항구에서 철수를 기다리는 영국군

쏙쏙 퀴즈 맞는 것 고르기

1 독일은 영국 (파리/런던)에 무차별 폭격을 가했다.

2 처칠은 독일과 전쟁 중에 영국 (총리/국왕)가(이) 되었다.

1941~1945년

166 연합국, 전쟁을 승리로 이끌다

#미드웨이 해전
#스탈린그라드 전투
#노르망디 상륙 작전
#침략의끝은쓸쓸한최후

"자, 이제 우리 독일군은 소련을 공격한다."

1941년 독일은 소련과의 불가침 조약을 깨고 소련을 침략했어. 사실 히틀러는 전쟁 전부터 **소련 정복**을 꿈꾸고 있었어. 공산주의를 없애고 소련의 풍부한 자원을 차지하고 싶었기 때문이지. 갑작스러운 독일의 공격에 소련은 전쟁 초반 크게 패배하고 후퇴했지만 포기하지 않고 계속 맞서 싸웠어.

소련과 미국의 참여로 영국은 든든한 지원군을 얻게 되었어. 영국, 미국, 소련은 동맹을 맺고 **연합국**을 이루어 함께 독일을 물리치기로 했지. 이제 제2차 세계 대전은 전체주의 추축국과 이들을 막으려는 연합국의 맞대결이 되었어.

1942년이 되면서 전쟁은 연합군에 유리하게 돌아갔어. 미국은 태평양 한가운데서 벌어진 **미드웨이 해전**에서 일본의 ★항공 모함을 침

몰시켰고, 소련은 **스탈린그라드 전투**에서 독일군의 공격을 끝까지 막아 내며 큰 승리를 거두었지. 이어 소련은 반격을 시작해 독일군을 소련 땅에서 몰아낸 뒤 독일 땅까지 밀고 들어갔어. 상황이 역전되어 이제 독일이 쫓기는 처지가 된 거야.

한편 영국과 미국은 이탈리아로 진격해 무솔리니의 파시스트 정권을 무너뜨리고 항복을 받아 냈어. 그리고 대규모 연합국 군대를 프랑스 노르망디 해안에 상륙시키는 **노르망디 상륙 작전**을 성공시켰지.

"프랑스 땅에서 독일군을 몰아냈다! 이제 프랑스는 해방이다!"

연합국은 이렇게 프랑스를 되찾고 독일 쪽으로 계속 밀고 들어갔어. 독일은 이제 양쪽에서 공격당하는 처지가 되었어. 왼쪽에서는 영국과 미국이, 오른쪽에서는 소련이 독일로 ★진격했고 결국 먼저 도착한 소련군이 수도 **베를린을 점령**했지. 며칠 후 히틀러는 베를린 시내의 지하 벙커에서 자살했어. 독재자이자 침략자였던 히틀러는 그렇게 쓸쓸하게 최후를 맞았지. 마침내 독일은 연합국에 항복을 선언했어.

이렇게 전쟁이 끝나는 줄 알았지만, 일본은 여전히 전쟁을 계속하고 있었어. 여러 전투에서 미국에 패배하고 미군의 폭격으로 도쿄가 불바다가 된 상황에서도 일본은 끝까지 항복하지 않았지. 이제, 끝까지 버티는 일본에게는 무엇이 기다리고 있을까?

낱말 체크

★ **항공 모함** 항공기를 싣고 다니면서 뜨고 내리게 할 수 있는 큰 군함.

★ **진격** 적을 치기 위해 앞으로 나아감.

디데이(D-day)

우리가 무언가를 하기로 계획한 날을 디데이로 삼고 그날까지의 남은 날짜를 세는 것, 다들 한 번쯤은 해 본 적 있지? 디데이라는 말은 원래 '공격 개시일'을 뜻하는 군사 용어로, 노르망디 상륙 작전 때 처음 사용되었어. 영국·미국 연합군은 1944년 6월 6일을 디데이로 삼아 1,200척의 함선과 15만 명의 대병력으로 지상 최대의 상륙 작전을 준비했고 성공시켰지.

▶ 앨런 튜링과 에니그마

제2차 세계 대전 당시 독일군은 모든 작전 정보를 '에니그마'라는 기계를 이용해 암호문으로 만들었어. 에니그마로 만드는 암호는 최대 10^{16}(10의 16제곱)배의 글자 조합이 가능했다고 해. 그러나 영국의 수학자 앨런 튜링이 해독이 불가능할 것 같았던 이 암호들을 풀어 냈어. 하지만 전쟁이 끝날 때까지 독일은 자신들의 암호가 적들에 의해 풀렸다는 사실을 전혀 알지 못했대. 앨런 튜링이 풀어 낸 암호를 통해 연합국은 전쟁 승리에 한 발짝 더 다가갈 수 있었어.

쏙쏙 퀴즈 — 맞으면 O, 틀리면 X

1 히틀러는 소련과의 조약에 따라 소련을 침공하지 않았다.

2 연합국은 노르망디 상륙 작전을 성공시켜 독일을 무찔렀다.

연표로 보는 제2차 세계 대전

1939.9. 독일의 폴란드 침공

독일이 폴란드를 기습 침공하자 영국, 프랑스가 독일에 전쟁을 선포하면서 제2차 세계 대전이 시작되었어.

1940.6. 독일의 파리 점령

전쟁 초기 독일은 프랑스 파리를 비롯한 유럽 대부분 지역을 빠르게 점령했지.

유럽

아시아

1941.12. 일본의 진주만 습격

일본은 하와이 진주만에 있는 미군 기지를 기습 공격했어. 이에 미국이 일본에 전쟁을 선포하면서 태평양 전쟁이 시작되었지.

1942.6. 미드웨이 해전

일본군은 하와이 북서쪽 미드웨이섬을 공격했어. 미국은 여러 불리한 조건 속에서도 큰 승리를 거두고 이후 태평양 전쟁의 주도권을 잡게 되었어.

1944.6. 노르망디 상륙 작전

영국·미국 연합군이 프랑스의 노르망디 해안 상륙에 성공하면서 프랑스를 독일로부터 해방시키고 독일군을 밀어내기 시작했지.

1945.5. 소련의 베를린 점령

소련군이 독일의 수도 베를린을 점령하고 국회 의사당 건물에 소련 국기를 걸고 있어. 독일은 며칠 후 항복했지.

1942.7.~1943.2. 스탈린그라드 전투

전쟁 역사상 가장 많은 사망자와 포로, 민간인 피해를 낸 전투야. 결국 소련이 승리하며 독일군을 소련에서 몰아냈고 전쟁이 연합군에게 유리해졌지.

1945.8. 일본에 원자 폭탄 투하

히로시마 (1945.8.6.) | 나가사키 (1945.8.9.)

일본이 전쟁에서 밀리면서도 항복하지 않자 미국은 전쟁을 끝내기 위해 히로시마와 나가사키에 원자 폭탄을 떨어뜨렸어. 수십만 명의 희생자가 발생했지.

1945.8. 일본의 항복

일본은 연합국에 무조건 항복을 선언했어. 뒤이어 9월 2일, 미국 전함 안에서 연합국이 내민 항복 문서에 일본 외무대신이 서명함으로써 제2차 세계 대전은 완전히 종결되었지.

1943~1945년

167 인류 최대의 비극으로 끝난 제2차 세계 대전

#카이로 회담 #얄타 회담
#포츠담 회담 #원자 폭탄
#일본의 무조건 항복
#5천만명이희생당한비극

제2차 세계 대전 동안 연합국의 지도자들은 여러 차례 만나 전쟁 이후 세계를 어떻게 만들어 갈지 이야기를 나누었어.

전쟁이 한창이던 1943년, 이집트 **카이로**에 모인 미국의 루스벨트, 영국의 처칠, 중국의 장제스는 일본의 무조건 항복을 받아 내 전쟁을 끝내고 일본이 침략으로 얻은 모든 땅을 원래대로 되돌리기로 했지. 한국의 독립도 이 회의에서 처음으로 결정되었어.

1945년 2월에는 소련의 **얄타**에서 다시 회담을 열었어. 이번에는 루스벨트, 처칠, 그리고 소련의 스탈린이 만나 독일 항복 후 연합국이 독일을 ★분할 점령한다는 것과 국제 재판을 열어 나치 독일에 ★전범 책임을 물을 것을 결정했어. 또한, 독일과의 전쟁이 끝나면 소련도 일본과의 전쟁에 참여하기로 했지.

102

독일 항복 후 연합국은 독일의 **포츠담**에서 회담을 열었어. 이번에는 독일 처리 문제를 더 구체적으로 의논했고, 일본에 무조건 항복을 요구하는 **포츠담 선언**을 발표했지. 일본이 이를 거부한다면 완전한 파멸을 맞을 것이라고 경고했어. 그러나 일본은 포츠담 선언을 단칼에 거절했어.

"어쩔 수 없군. 전쟁을 빨리 끝내기 위해서는 일본에 **원자 폭탄**을 사용해야겠어."

결국 미국은 히로시마와 나가사키에 원자 폭탄을 떨어뜨렸어. 이어 얄타 회담에서의 약속에 따라 소련이 일본에 전쟁을 선포하고 만주 쪽에서 무섭게 진격해 갔지. 이에 놀란 일본이 '**무조건 항복**'을 선언하면서 제2차 세계 대전은 연합국의 승리로 막을 내렸어.

제2차 세계 대전은 5천만 명에 달하는 희생자를 남겼어. 무차별 공습과 의도적인 대량 학살, 원자 폭탄 같은 무기 때문에 전쟁과 관계없는 민간인들도 많이 희생당했지.

한편, 전쟁이 끝나자 연합국 회담의 결정 사항들이 실행되었어. 독일은 미국·영국·프랑스·소련 4개국에 의해 나누어져 점령되었지. 수도 베를린도 네 조각으로 쪼개졌어. 일본은 미군의 관리를 받게 됐지. 한국은 **38도선**을 기준으로 북쪽은 소련군이, 남쪽은 미군이 차지했어. 한국인들은 일본의 패배로 찾아온 광복의 기쁨을 제대로 누리지도 못한 채 ★분단을 맞게 되었지.

낱말 체크

★ **분할** 나누어 쪼갬.

★ **전범** '전쟁 범죄' 혹은 '전쟁 범죄인'을 줄여 이르는 말.

★ **분단** 동강이 나게 끊어 가름.

각 회담의 주요 내용

카이로 회담 (1943.11)
미국, 영국, 중국
- 일본의 무조건 항복 요구
- 일본의 식민지를 모두 빼앗음
- 한국의 독립 결정

얄타 회담 (1945.2)
미국, 영국, 소련
- 독일 항복 후 처리 문제
- 나치 전범 처단
- 소련이 일본과의 전쟁에 참여

포츠담 회담 (1945.7)
미국, 영국, 소련(중국)
- 독일 처리 문제
- 일본의 무조건 항복 요구
- 한국의 독립 결정 재확인

▶ **8월 15일, 같은 날, 다른 의미** ▼

우리는 8월 15일을 '광복절'로 기념하면서 식민 지배의 아픔과 해방의 기쁨을 기억하려고 노력하고 있어. 반면에 일본에게 이날은 패망일이자 전쟁이 끝난 '종전 기념일'이지. '전쟁으로 사망한 자를 기리고 평화를 기원하는 날'로 부르기도 해. 하지만 자신들이 침략 전쟁을 일으켜 패배했다는 사실은 감추고 있지. 반성하지 않는 일본의 자세가 아쉬워.

1945년 8월 16일 마포 형무소 앞에서 만세를 부르는 사람들

쏙쏙 퀴즈 — 맞는 것 고르기

1 한국 독립 문제는 (얄타/카이로) 회담에서 처음 결정되었다.

2 얄타 회담에서는 (미국/소련)이 일본과의 전쟁에 참여하기로 하였다.

아인슈타인과 오펜하이머 – 미션, 원자 폭탄을 개발하라!

제2차 세계 대전이 시작될 무렵, 독일이 우라늄 핵분열 실험에 성공했다는 소문이 퍼졌어. 미국의 과학자들은 히틀러의 손에 원자 폭탄이 쥐어진다면 얼마나 끔찍한 결과를 낳을지 공포를 느꼈지. 그래서 당시 세계에서 가장 유명한 물리학자였던 아인슈타인을 찾아가 루스벨트 대통령에게 보낼 편지에 함께 서명해 달라고 부탁했어. 그 편지에는 원자 폭탄이 가져올 비극을 경고하며 미국이 원자 폭탄 개발을 시작해야 한다는 과학자들의 의견이 담겨 있었지.

아인슈타인의 편지

알베르트 아인슈타인
(1879~1955)

루스벨트 대통령에게 보낸 아인슈타인-실라르드 편지

"… 이 새로운 현상이 폭탄을 만드는 데 쓰인다면 그 힘은 매우 강력할 것입니다.
이런 폭탄 단 한 개를 배에 실어 폭발시킨다면 항구 전체와 근처 지역 모두를
한순간에 파괴할 수 있습니다."

편지를 읽은 루스벨트는 고민 끝에 노벨상 수상자 등 미국의 우수한 과학자들을 모았어. 그렇게 비밀 원자 폭탄 개발 프로젝트인 '맨해튼 프로젝트'가 시작되었지. 그리고 프로젝트의 책임자로 미국의 물리학자인 오펜하이머가 임명되었어. 프로젝트의 목표는 나치 독일보다 먼저 핵무기를 개발하는 거였어. 얼마나 비밀리에 프로젝트를 진행했냐면, 연구에 참여한 과학자들은 가

로버트 오펜하이머
(1904~1967)

명을 사용해 서로 이름도 알지 못했고, 어떤 일을 하는지도 몰랐다고 해. '원자 폭탄'이라는 단어는 '가제트'라는 암호명으로 숨겼지.

그러나 나치 독일은 원자 폭탄이 개발되기 전에 항복을 선언했어. 그 사이 미국은 원자 폭탄의 개발을 끝내고 그 위력을 확인하기 위한 실험을 실시했지. 1945년 7월 16일, 미국 뉴멕시코주 사막에서 진행된 이 실험은 성공적이었어. 하늘 위에서 거대한 버섯구름을 만들며 폭발한 가제트는 엄청나게 강한 빛과 열을 내뿜었어. 과학자들은 이 폭탄의 힘에 크게 놀랐지.

며칠 후 미국은 이 엄청난 파괴력을 가진 원자 폭탄 '리틀 보이'와 '팻맨'을 일본 히로시마와 나가사키 위에 떨어뜨렸어. 요란한 소리를 내며 폭발한 폭탄은 도시의 모든 것을 없애 버렸고 먼지와 그을음, 그리고 방사능이 섞인 검은 비가 뒤따랐지. 원자 폭탄으로 지옥이 된 두 도시에서 수십만 명의 사람들이 목숨을 잃었고 지금도 그 후유증으로 고통받고 있어.

1945년 8월 6일, 히로시마에 떨어진 '리틀 보이'의 모형
1945년 8월 9일, 나가사키에 떨어진 '팻맨'의 모형
히로시마(좌)와 나가사키(우)에 일어난 버섯구름

아인슈타인은 원자 폭탄이 만든 엄청난 희생에 충격을 받았어. 그래서 훗날 루스벨트에게 원자 폭탄을 만들라고 부추기는 편지에 서명한 일을 후회했다고 해. 오펜하이머 역시 자신이 만든 원자 폭탄이 수많은 사람을 죽이는 데 사용되었다는 것에 죄책감을 느끼고 프로젝트 책임자의 자리에서 물러났지. 그는 이후 수소 폭탄 개발에 대해서도 반대했어.

과학 기술은 인류에게 편리함을 선물했지만 어떻게 사용되느냐에 따라 이런 엄청난 비극을 가져오기도 해. 과학 기술을 꼭 필요한 곳에 제대로 이용하기 위해서는 인간의 현명한 판단이 중요하겠지.

역사 탐험 보고서

두 차례의 세계 대전

 제1차 세계 대전

 제국주의 국가들은 식민지 쟁탈전을 벌이며 3국 동맹과 3국 협상으로 나뉘어 대립했어. 그러다 발칸반도에서 발생한 사라예보 사건으로 제1차 세계 대전이 시작되었지. 동맹국의 중심인 독일은 연합국을 동서로 공격했지만 결국 항복했어. 러시아는 전쟁 중에 혁명이 일어나 세계 최초의 사회주의 국가가 되었지. 전쟁이 끝난 후 만들어진 베르사유 체제 속에서 독일은 전쟁을 일으킨 책임을 지게 됐어.

민주주의의 발전과 민족 운동

 제1차 세계 대전 이후 많은 나라들이 공화정을 선택하면서 민주주의가 발전했어. 여성의 참정권과 노동자의 권리도 점차 확대되었지. 무스타파 케말은 외적의 침입을 막고 튀르키예 공화국을 세웠어. 인도의 간디는 비폭력·불복종 운동으로 영국의 지배에 맞섰고, 베트남의 호찌민은 프랑스의 지배에 맞서 독립운동을 펼쳤어. 중국에서는 군벌과 일본의 침략에 반대하는 5·4 운동이 일어났어. 일본을 몰아내기 위해 공산당과 국민당이 손잡고 국공 합작을 시도하기도 했지.

대공황의 극복과 전체주의

 전쟁 이후 세계 최고의 공업국으로 황금기를 누리던 미국에서 대공황이 일어났어. 경제 위기는 전 세계로 퍼져 나갔지. 루스벨트 대통령은 뉴딜 정책을 실시해 경제를 살리기 위해 나섰고, 영국과 프랑스는 블록 경제로 대공황을 극복하려 했지. 한편 일부 국가에서는 국가를 위해 개인의 희생을 강요하는 전체주의가 나타났어. 이탈리아에서는 무솔리니의 파시스트당이, 독일에서는 히틀러의 나치당이 전체주의를 펼쳤고, 일본에서는 군국주의 세력이 다른 나라를 침략하기 시작했지.

제2차 세계 대전

 독일이 폴란드를 침공하면서 제2차 세계 대전이 시작됐어. 독일은 프랑스를 점령하고 영국을 공격했지만, 영국의 처칠이 독일에 끝까지 맞섰지. 궁지에 몰린 독일은 불가침 조약을 깨고 소련을 공격했지만, 소련 역시 물러서지 않았어. 한편 일본의 진주만 공격을 받은 미국이 전쟁에 참여하면서 태평양 전쟁이 시작되었지. 영국, 미국, 소련은 연합국을 이루어 독일의 항복을 받아 냈어. 미국의 원자 폭탄 공격을 받은 일본도 항복했지.

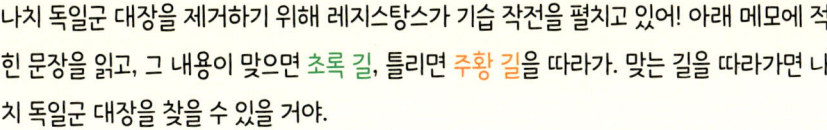
나치 독일군을 소탕하자!

나치 독일군 대장을 제거하기 위해 레지스탕스가 기습 작전을 펼치고 있어! 아래 메모에 적힌 문장을 읽고, 그 내용이 맞으면 초록 길, 틀리면 주황 길을 따라가. 맞는 길을 따라가면 나치 독일군 대장을 찾을 수 있을 거야.

1. 제1차 세계 대전에서 패배한 독일은 베르사유 조약을 맺게 되었어.
2. 제1차 세계 대전 이후 민주주의는 더 후퇴하기 시작했어.
3. 미국은 제1차 세계 대전에 참전했음에도 직접적인 타격을 받지 않았어.
4. 대공황 이후 몇몇 유럽 나라에서 전체주의가 떠올랐어.
5. 제2차 세계 대전 당시 연합국은 항복한 히틀러를 체포했어.

정답이야. 자, 약속한 간식이다!

정답 196쪽

도전! 세계사 퀴즈왕

좀 더 어려운 과제에 도전해 볼까?

01 쿠앤크가 제1차 세계 대전의 내용을 요약하고 있어. 보기 에서 알맞은 말을 찾아 빈칸에 넣어 보자. `148~149쪽`

- 배경: 3국 동맹과 3국 협상이 대립하며 (　　)에서 긴장이 고조되었다.
- 발단: 세르비아 청년이 오스트리아·헝가리 제국의 황태자 부부를 암살한 (　　)사건이 발생했다.
- 전개: 초기에는 (　　)이(가) 우세했지만 서부 전선에서 영국과 프랑스가 저항하면서 전쟁이 장기화되었다. 연합국이었던 (　　)은(는) 자국에서 혁명이 발생하자 전쟁에서 빠져나왔다. (　　)이(가) 참전하면서 전세는 연합국에 유리하게 되었고, 결국 독일이 항복하면서 전쟁은 끝났다.

보기　　미국　　사라예보　　발칸반도　　러시아　　독일

02 제1차 세계 대전 후 파리 강화 회의에서 맺어진 조약은? `152쪽`

① 노트르담 조약　② 바스티유 조약　③ 바게트 조약　④ 베르사유 조약

03 아시아에서 벌어진 각 나라의 민족 운동을 바르게 연결해 보자. `154~156쪽`

① 튀르키예　　　　　　㉠ 수카르노 중심의 독립운동
② 인도　　　　　　　　㉡ 간디의 비폭력·불복종 운동
③ 베트남　　　　　　　㉢ 무스타파 케말의 공화국 수립
④ 인도네시아　　　　　㉣ 호찌민 중심의 독립운동
⑤ 중국　　　　　　　　㉤ 5·4 운동과 국공 합작

04 아래의 신문 기사를 보니 미국에 큰일이 생긴 것 같아.
이 위기를 뭐라고 부르지?

157~158꼭지

간식단타임즈 (Gansikdan Times)
193X년 12월 X일 X요일

지난 1929년 10월 24일 미국 뉴욕 증권 거래소는 큰 충격에 휩싸였다. 주가가 하루 만에 큰 폭으로 하락한 것이다. 겁에 질린 사람들은 자신이 가진 주식을 모두 내다 팔았고, 주가는 하락을 거듭하여 결국 휴지 조각이 되어 버렸다. 주식에 많은 돈을 투자한 회사들은 회사 문을 닫을 수밖에 없었고, 일자리를 잃은 사람들은 거리로 쏟아져 나왔다. 은행마저 무너지면서 한때 잘 나갔던 미국 경제는 한순간에 주저앉고 말았다.

① 대폭락   ② 대황당   ③ 대공황   ④ 대폭망

05 4번 문제의 위기를 극복하기 위해 미국의 루스벨트 대통령이 추진한 정책은?

159꼭지

① 뉴욕 정책   ② 뉴딜 정책   ③ 빅딜 정책   ④ 블록 경제 정책

06 다음 제2차 세계 대전의 주요 사건들을 시간 순서대로 배열해 보자.

160~167꼭지

㉠ 스탈린그라드 전투

㉡ 독일의 파리 점령

㉢ 일본에 원자 폭탄 투하

㉣ 독일의 폴란드 침공

㉤ 노르망디 상륙 작전

㉥ 소련의 베를린 점령

(→ → → → →)

3 전후 세계 질서와 냉전

세계사 ON	1945년 국제 연합이 성립되다	1949년 중화 인민 공화국이 수립되다		1962년 쿠바 미사일 위기가 일어나다
한국사 ON	1945년 광복 후 분단이 되다	1948년 대한민국 정부가 수립되다	1950년 6·25 전쟁이 일어나다	1960년 4·19 혁명이 일어나다

전후 세계는 미국을 중심으로 하는 자본주의 세계와 소련을 중심으로 하는 공산주의 세계가 대립하는 냉전에 들어갔어. 아시아에서는 냉전의 영향으로 한반도의 6·25 전쟁과 베트남 전쟁도 일어났어. 미국과 소련의 갈등은 쿠바 미사일 위기로 최고조에 달했지만, 제3 세계가 등장하면서 냉전 체제가 흔들리기 시작했지. 결국 소련이 해체되며 냉전은 마무리되었어.

1964년 베트남 전쟁이 일어나다
1969년 인류가 처음 달에 가다
1990년 독일이 통일되다
1991년 소련이 해체되다

1964년 베트남 전쟁에 군대를 보내다
1980년 5·18 민주화 운동이 일어나다
1987년 6월 민주 항쟁이 일어나다

1937~1945년

168 전쟁을 피로 물들인 대량 학살

#홀로코스트
#카틴 숲 학살
#난징 대학살
#다시는없어야할비극

제2차 세계 대전은 그 어떤 전쟁보다 끔찍한 **대량 *학살**이 많이 일어났던 전쟁이었어. 죄 없는 사람들이 비인간적인 방법으로 죽임을 당했지. 나치 독일의 유대인 학살이 대표적이야.

"독일인의 순수한 피를 더럽히는 유대인을 모두 없애야 한다!"

유대인은 기원전에 팔레스타인 땅에서 쫓겨나 전 세계에 흩어져 살던 민족이야. 자신의 전통 종교인 유대교만을 믿으며 스스로를 선택받은 민족이라 주장해 다른 민족들의 미움을 받곤 했지. 히틀러는 독일에서 일어난 모든 문제는 다 유대인 탓이라는 지독한 인종주의에 빠져, 유대인을 차별하는 정책을 펼쳤어.

제2차 세계 대전이 시작되자 탄압은 더 심해졌지. 히틀러의 나치는 곳곳에 **강제 수용소**를 만들어 유대인을 가두고 고된 노동을 시켰어.

일을 하기 어려운 노인과 어린이들은 샤워를 시킨다며 가스실로 끌고 가 독가스로 죽였지. 나치 독일은 폴란드에 세워진 아우슈비츠 수용소를 포함해 유럽 곳곳의 수용소에서 전쟁이 끝날 때까지 600만 명이 넘는 유대인을 학살했어. 이런 끔찍한 유대인 대학살을 '홀로코스트'라고 불러.

소련도 마찬가지로 대량 학살을 저질렀어. 전쟁 중 폴란드를 침략해 포로로 잡은 폴란드군 장교와 경찰, 지식인 2만 명을 스탈린의 명령에 따라 숲으로 끌고 가 ★총살했지. 이후 학살당한 이들의 시신이 발견되면서 이 '카틴 숲 학살'이 전 세계에 알려졌지만, 영국과 미국은 소련이 저지른 학살을 눈감아 주었어. 소련이 같은 연합국이었기 때문이지.

한편 학살의 비극은 중국에서도 있었어. 중일 전쟁을 일으킨 일본은 중국의 수도 난징을 점령하고 난징에 남아 있던 사람들을 잔인하게 죽였지. 6주간의 '난징 대학살'로 군인과 여성, 어린이 등 30여만 명이 일본군에게 희생되었어. 일본군은 누가 더 많은 사람을 죽이는지 내기를 하기도 했다고 해.

"용서는 하되, 잊지는 말자."

중국의 난징 대학살 기념관에는 이런 글이 쓰여 있어. 이유도 없이 목숨을 잃었던 사람들의 희생을 기억하고, 다시는 이런 일이 일어나지 않도록 평화를 위해 함께 노력해야겠지.

낱말 체크

★ **학살** 가혹하게 마구 죽임.
★ **총살** 총으로 쏘아 죽이는 일.

다윗의 별

나치 독일은 유대인들을 '게토'라 불리는 지역에 강제로 따로 떨어져 살게 했어. 게토 밖으로 나갈 때는 유대인을 상징하는 노란색 육각 별인 '다윗의 별'을 가슴에 달아야만 했지. 유대인을 쉽게 구분하고 차별하기 위해서였어.

▶ 안네 프랑크와 《안네의 일기》

독일에서 태어난 유대인 소녀, 안네 프랑크와 가족들은 나치 독일의 유대인 탄압을 피해 네덜란드로 갔지만, 네덜란드도 나치에게 점령되고 말았어. 안네는 아버지 회사 건물에 숨어 지내면서 일기를 썼지. 안타깝게도 안네와 가족들은 비밀경찰에 발각되어 수용소로 끌려갔고, 가족 중 유일하게 살아남은 안네의 아버지가 《안네의 일기》를 책으로 펴내어 전 세계에 안네의 슬픈 사연을 알렸어. 일기에는 나치 독일 통치 속에서 유대인이 겪어야 했던 고통이 잘 나타나 있어.

안네 프랑크(1929~1945)

쏙쏙 퀴즈 맞으면 O, 틀리면 X

1 나치 독일은 유대인들을 수용소에 가둬 학살했다.

2 소련과 일본 모두 점령지에서 학살을 저질렀다.

169 전쟁 속에서 인권이 짓밟히다

#폭격 #강제 노역
#일본군 '위안부'
#생체 실험 #731 부대
#과연인간이할수있는일들인지

제2차 세계 대전 중에는 대량 학살 외에도 인권이 짓밟히는 일들이 일어났어. 오로지 전쟁 승리에만 몰두했던 나라들이 인간의 가치를 무시한 채 이길 수 있다면 무슨 일이라도 벌였던 거야.

"으악, **폭격**이다!"

전쟁이 길어지면서 연합국과 추축국은 상대편 나라의 민간인들이 사는 지역에까지 폭탄을 *투하했어. 독일의 폭격으로 영국 런던과 주변 도시는 무참히 파괴되었고 독일의 드레스덴도 연합군의 공격을 받아 잿더미가 되었지. 제2차 세계 대전 때 폭격으로 희생된 민간인 수는 군인 희생자의 두 배라고 해.

폭격뿐만 아니라 **강제 노동**도 큰 문제였어. 일본은 제2차 세계 대전 중에 한국과 중국 등 식민지의 젊은이들을 군인이나 노동자로 강

제로 끌고 가 탄광이나 건설 공사장에서 일본인들이 하기 싫어하는 위험하고 힘든 일을 시켰지. 독일 역시 전쟁 포로나 점령지의 사람들을 독일 군수 공장에 강제로 동원했어. 강제로 끌려간 사람들은 일한 대가를 똑바로 받지 못한 것은 물론, 제대로 먹지도 못했어. 도망이라도 가면 다시 잡혀 와 폭행을 당하는 등 비인간적인 대우를 받았지.

또한 일본은 점령한 지역 곳곳에 일본인 군인들을 위한 위안소를 설치했어. 한국, 중국, 필리핀 등의 10대 어린 여성들은 일본군에 끌려가 **일본군 '위안부'**라 불리는 성 노예 생활을 강요받았지. 식당 종업원이나 간호사 등 일자리를 준다는 말에 속아서 끌려 온 여성도 있었고 협박이나 납치를 당해 온 여성도 있었어. 이들은 일본군에게 지속적으로 성폭력을 당해 몸과 마음에 깊은 상처를 입었지. 외출도 할 수 없었고 아파도 쉬지 못하는 처참한 생활을 해야 했어.

한편 독일과 일본은 의학 지식을 얻는다는 이유로 살아 있는 사람을 상대로 **생체 실험**을 하기도 했어. 수용소에 갇힌 사람이나 점령지의 사람들이 실험 대상이었지. 일본은 아예 **731 부대**라는 생체 실험을 위한 군부대를 따로 만들기도 했어. 이곳에서 한국인과 중국인을 대상으로 신체를 해부하거나 바이러스나 세균, 전염병을 강제로 ★주입해 그 결과를 알아보는 끔찍한 실험을 했지.

★ **투하** 던져 아래로 떨어뜨림.

★ **주입** 흘러 들어가도록 부어 넣음.

평화의 소녀상

매주 수요일, 일본 대사관 앞에서 일본군 '위안부' 피해에 대한 일본 정부의 사과를 요구하는 집회가 열리고 있어. 1,000번째 집회에서는 '위안부' 피해자들을 추모하고 기억하기 위해 일본 대사관 앞에 평화의 소녀상을 세웠지. 평화의 소녀상은 외국 도시 곳곳에도 세워졌어.

▶ 군함도

일본 나가사키 앞바다의 하시마섬은 모양이 군함을 닮아 '군함도'라는 별명으로도 불려. 이 섬에는 한국인들이 강제 노동을 했던 해저 탄광이 있어. 많은 한국인 노동자들은 땅속 깊은 탄광에서 50도가 넘는 뜨거운 열기를 견디며 일하다가 목숨을 잃었지. 그래서 한국인들은 이 섬을 한번 들어가면 나올 수 없는 지옥섬으로 불렀다고 해. 하지만 일본은 군함도가 과거 일본의 찬란한 경제 발전을 보여 준다며 유네스코 세계 문화유산으로 등록했어. 군함도에 한국인들을 강제로 데려와 노동을 시켰다는 사실은 제대로 밝히지 않고 말이야.

하시마섬의 모습

맞으면 O, 틀리면 X

1 연합국과 추축국 모두 폭격의 피해를 입었다.

2 일본군은 점령지 곳곳에 일본군 '위안소'를 설치했다.

1945~1948 독일과 일본

170 전범 재판이 열리다

#국제 전범 재판
#뉘른베르크 재판
#도쿄 재판
#제대로벌도못주고끝난전쟁

제2차 세계 대전 이후 연합국은 나치 독일과 일본의 침략 전쟁 자체를 '**평화를 깨뜨린 죄**'로 보고 전쟁 중에 일어난 대량 학살 등 비인도적 행위까지 '**인간의 도리에 어긋난 범죄**'라 못 박았어.

제1차 세계 대전까지는 전쟁에서 패배한 나라가 이긴 나라에 배상금을 내고 땅을 주는 것으로 책임을 물었잖아? 그러나 이것이 또 다른 전쟁의 불씨가 된다는 것을 깨달은 연합국은 이번에는 재판을 통해 잘잘못을 밝혀 제대로 책임을 묻기로 했어. 추축국의 전범들이 얼마나 잔인한 일을 벌였는지 조사해 세상에 알리고 철저히 벌주기 위한 **국제 전범 재판**을 열었지.

독일의 전범 재판은 **뉘른베르크**에서 열렸어. 미국 등 연합국 출신의 법관들은 나치가 벌인 악랄한 전쟁 범죄를 밝혀내 나치 지도자 24

명 중 12명에게 사형 선고를 내렸어. 그러나 미국과 소련 간 정치적 갈등이 심해지면서 문제가 생겼어. 미국이 나치 전범을 처벌하는 일보다 소련으로부터 독일을 지키는 일에 더 신경을 쓰게 된 거야.

그 결과 많은 나치 전범들이 전쟁에 단순히 ★가담했다는 정도로 용서받고 벌금형 같은 가벼운 벌만 받았어. 이렇게 처벌을 피해 간 전범들은 다시 정부의 공식 자리에 올라 독일을 이끌게 되었지. 뉘른베르크 전범 재판은 이렇게 아쉽게 끝나고 말았어.

한편 일본의 전범 재판은 도쿄에서 열렸어. 일본을 점령한 미국이 일본의 전범들에게 벌을 내릴 차례였지. 그렇게 전쟁을 지휘한 일본 총리를 비롯한 7명이 사형 선고를 받았어. 하지만 나머지 전범들은 증거 불충분으로 곧 풀려났고, 정부에 금방 복귀했어. 독일과 마찬가지로 소련과 미국의 갈등이 심해졌기 때문이야. 뒤이어 미국은 다음과 같은 결정을 내렸지.

"일본을 우리 편으로 만들어야 해. 천황은 재판에서 빼 주자."

미국은 전쟁의 총책임자인 천황을 재판에 넘기지도 않았어. 731 부대의 생체 실험 같은 잔혹한 범죄도 미국이 그 실험 자료를 넘겨받는 조건으로 재판 없이 넘어갔지. 한국과 중국처럼 일본의 침략에 짓밟힌 나라들의 이야기는 이 재판에서 전혀 들을 수 없었어. 이 점을 고려할 때 도쿄 전범 재판은 역사상 최악의 재판이라 평가되고 있어.

★ **가담하다** 같은 편이 되어 일을 함께 하거나 돕다.

뉘른베르크

히틀러가 사랑한 도시, 뉘른베르크에서는 나치 독일 시절 수많은 나치 집회와 연설이 열렸어. 전쟁 이후 나치를 심판하는 전범 재판의 장소가 된 뉘른베르크는 나치의 시작과 끝을 보여 주는 도시야.

뉘른베르크 전범 재판소

▶ 전범 재판, 그 후 ▼

도쿄 전범 재판 이후에도 일본은 나라를 지킨 신으로 전범들을 받드는 '야스쿠니 신사'에서 참배하는 등 과거를 반성하지 않는 모습을 보여 주고 있어. 이 때문에 주변 동아시아 국가들과 갈등을 겪고 있지. 독일 역시 전범 재판에서 나치를 제대로 처벌하지 않았지만, 이후 여러 노력을 통해 과거의 전쟁 범죄를 책임지고 반성해 나가는 모습을 보여 주고 있어. 독일은 오늘날까지도 나치식 깃발이나 경례 같은 것을 철저히 불법으로 하고 있지.

야스쿠니 신사에 참배하는 사람들

쏙쏙 퀴즈 맞는 것 고르기

1 독일의 전범 재판은 (베를린/뉘른베르크)에서 진행되었다.

2 (미국/소련)은 일본을 자기편으로 만들기 위해 전범 재판에서 천황을 뺐다.

171 국제 연합(UN)이 탄생하다

#국제 연합(UN)
#평화 유지군
#안전 보장 이사회
#유엔본부는뉴욕맨해튼에있음

제2차 세계 대전이 한창이던 1941년, 영국의 처칠 총리와 미국의 루스벨트 대통령은 대서양의 한 함대에서 만나 '**대서양 헌장**'을 발표했어.

"전쟁이 끝나면 세계 평화를 위한 국제기구를 만들 것입니다."

그렇게 1945년 10월에 대서양 헌장의 원칙에 따라 '**국제 연합**(United Nations)'이 만들어졌어. 줄여서 '유엔(UN)'이라 불리는 이 국제기구는 세계의 평화와 안전을 지키고 나라 간 우정을 쌓으며 *분쟁을 평화적으로 해결해 다시는 잔혹한 전쟁이 반복되지 않도록 하는 것을 목표로 삼았지.

유엔은 제1차 세계 대전 이후 세계 평화를 위해 만들어졌던 국제 연맹과는 조금 달랐어. 국제 연맹에는 미국, 소련 등 강대국이 참여

하지 않았기 때문에 평화를 위협하는 세력을 막을 군사력도 없었지. 결국 제2차 세계 대전이 터지면서 국제 연맹은 있으나 마나 한 존재가 되어 버렸지.

"새로운 국제기구에는 평화를 지킬 수 있는 군대를 만듭시다."

반면 유엔은 '**평화 유지군**'을 만들었어. 누군가 분쟁을 일으켜 세계의 평화를 깨려 한다면 평화 유지군이 출동해 이를 막을 수 있게 된 거야. 국제 연맹과 달리 미국과 소련 같은 강대국도 적극 참여했어. 전쟁에서 패배한 독일과 일본까지 참여하며 유엔은 진정한 국제기구가 되었지.

처음에 51개 나라로 시작한 유엔은 오늘날 193개 나라를 회원국으로 두고 있어(2023년 현재). 회원국들은 1년에 한 번 ★총회에 참석해 세계의 여러 문제들을 의논하지. 그러나 유엔에서 가장 중요한 기구는 '**안전 보장 이사회**'야. 분쟁이 발생했을 때 어떻게 조정하고 화해시킬지, 평화 유지군을 보낼지 말지 등이 모두 이곳에서 결정돼.

또한 유엔은 전 세계 도움이 필요한 사람들에게 식량이나 약품을 지원하는 일도 하고 있어. 세계 아동 보호를 위해 만들어진 유니세프, 굶주림 없는 세상을 만들기 위한 유엔 세계 식량 계획 등이 그런 기구들이지. 재판으로 국제 분쟁을 해결하는 국제 사법 재판소, 국제 경제와 사회 협력을 다루는 경제 사회 이사회 등도 각자의 역할을 다하며 세계 평화에 기여하고 있어.

낱말 체크

★ **분쟁** 갈라져 다툼.
★ **총회** 구성원 전체가 모여서 어떤 일에 관하여 의논함.

유네스코

유네스코는 세계 각국이 교육, 과학, 문화적으로 서로 이해하고 협력하고자 만든 유엔 전문 기구야. 우리에게 친숙한 '유네스코 세계 문화유산'을 지정해, 보호해야 할 가치가 있다고 인정되는 세계 유산을 지키는 일을 해.

유엔 안전 보장 이사회

유엔의 안전 보장 이사회는 5개의 상임 이사국(미국, 영국, 프랑스, 러시아, 중국)과 10개의 비상임 이사국으로 이루어져 있어. 상임 이사국은 다른 이사국들이 다수결로 결정한 것을 거부할 수 있는 막강한 힘을 가지고 있지. 비상임 이사국 임기는 2년이며 유엔 회원국의 투표를 통해 정해져.

쏙쏙 퀴즈 맞는 것 고르기

1 대서양 헌장으로 국제 (연합/연맹)이 세워졌다.

2 세계 유산을 보호하는 국제기구의 이름은 (유네스코/유니세프)이다.

▶ 대한민국과 유엔 ▼

우리나라는 광복 후 정부를 세우는 과정에서 유엔의 도움을 받았어. 6·25 전쟁 때는 22개국으로 구성된 '유엔 평화 유지군'이 우리 국군과 연합 작전을 펼쳤지. 전쟁 이후에도 유엔은 각종 물자를 보내 경제적 지원을 해 주었어. 그리고 1991년 남한과 북한이 동시에 유엔에 가입하면서 우리도 정식으로 유엔 회원국이 되었지. 우리나라는 유엔 사무총장을 배출하기도 했고, 그룹 BTS가 유엔 총회에서 연설하는 등 유엔에서 존재감을 점점 더 키워 가고 있어.

반기문 유엔 사무총장
(2007~2016 재임)

1945~1960년

172 세계 각국이 독립을 이루다

#베트남 민주 공화국
#인도네시아 #알제리
#1960년 아프리카의 해
#우리나라는1945년독립!

제2차 세계 대전 이후 폐허가 된 유럽 국가들은 힘이 약해지면서 식민지를 유지하기 어려워졌어.

또한 유럽 ★열강의 식민지였던 아시아와 아프리카의 여러 나라들은 독립에 대한 열망도 점점 커졌어. 이들은 식민 지배에서 벗어나기 위해 치열한 저항을 벌였고 마침내 독립을 이뤄 냈지.

프랑스의 식민지였던 **베트남**은 제2차 세계 대전 때 일본에 점령당했어. 프랑스가 독일에게 점령당한 틈을 타 일본이 베트남을 차지한 거야. 이후 일본이 항복하자 **호찌민**은 재빨리 '**베트남 민주 공화국**'을 세우고 독립을 선언했어. 그러나 전쟁이 끝난 후 프랑스가 다시 베트남을 지배하겠다며 군대를 보냈지.

"우리 베트남은 더 이상 식민 지배를 원하지 않는다! 프랑스와 끝까지 싸우자!"

베트남 사람들은 호찌민의 지휘 아래 프랑스에 맞서 목숨을 걸고 싸웠어. 9년에 걸친 전쟁 끝에 프랑스는 베트남 지배를 포기했고 베트남은 독립을 얻었지. 그러나 이것이 끝은 아니었어. 이후 베트남은 남북으로 쪼개져 미국과 또 한차례 전쟁을 벌이게 돼.

인도네시아 역시 네덜란드의 지배를 받다가 일본에 점령되었어. 일본의 항복 후 인도네시아는 독립을 선언했지. 그러나 네덜란드가 인도네시아를 다시 차지하겠다며 공격해 왔어. 인도네시아 사람들은 네덜란드에 격렬히 맞서 싸워 승리했고 결국 독립을 이루었지.

아프리카의 **알제리**는 오랫동안 프랑스의 지배를 받고 있었어. 제2차 세계 대전이 끝났음에도 프랑스는 알제리를 놓아주지 않았지. 결국 1954년 알제리 사람들은 독립을 위한 ★봉기를 일으켰어. 프랑스는 군대를 동원해 알제리 사람들의 저항을 막았지만, 알제리 사람들은 곳곳에서 게릴라전을 펼치며 프랑스군과 맞서 싸웠어. 8년간의 독립 전쟁 끝에 알제리는 마침내 프랑스의 지배에서 벗어날 수 있었지.

이처럼 여러 나라들이 제국주의에 맞서 독립을 얻어 냈어. 미얀마는 영국으로부터, 캄보디아와 라오스는 프랑스로부터 독립했지. 특히 1960년은 아프리카에서 한 해에만 17개 나라가 독립을 이뤄 '아프리카의 해'라고 불렸어.

- ★ **열강** 여러 강한 나라.
- ★ **봉기** 벌떼처럼 떼 지어 세차게 일어남.
- ★ **국유화** 나라의 소유가 됨.

이집트의 나세르 대통령

이집트는 제1차 세계 대전 이후 영국으로부터 독립했지만, 수에즈 운하는 여전히 영국과 프랑스의 차지였어. 그러던 중 군인 출신의 나세르가 왕을 몰아내고 대통령이 되었지. 그리고 수에즈 운하를 ★국유화하겠다고 선언했어. 영국과 프랑스는 이를 막으려 했지만 국제 사회의 비난을 받으며 물러날 수밖에 없었지.

▶ **독립을 이룬 아시아·아프리카의 나라들**

아시아와 아프리카의 많은 나라들이 독립을 이뤘어. 하지만 아프리카 대륙은 유럽 열강에 의해 그어진 국경선 때문에 독립 이후에도 한 나라 안에 여러 부족이 섞이게 되었어. 그래서 지금까지도 부족 간에 피비린내 나는 분쟁이 일어나고 있어. 가난과 굶주림도 심각한 문제가 되고 있어.

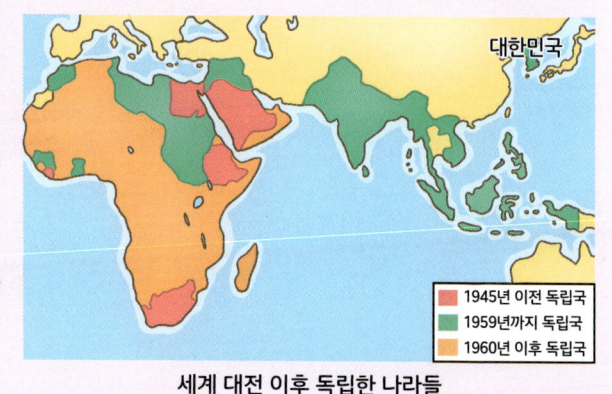

세계 대전 이후 독립한 나라들

- 1945년 이전 독립국
- 1959년까지 독립국
- 1960년 이후 독립국

쏙쏙 퀴즈 맞는 것 고르기

1 베트남과 알제리는 (프랑스/네덜란드)로부터 벗어나 독립했다.

2 (아시아/아프리카)에서는 1960년도에 17개 나라가 독립을 이뤘다.

1947년 남아시아

173 인도와 파키스탄이 독립하다

#인도 독립
#전인도 무슬림 연맹
#파키스탄
#독립과분리_우리와닮은꼴

제2차 세계 대전이 일어나자 영국은 인도에게 전쟁을 도와주면 자치권을 주겠다고 또다시 약속했어.

"흥, 자치권은 필요 없소. 영국은 인도를 떠나시오!"

인도 사람들은 완전한 독립을 요구하며 영국에 맞섰지. 영국은 독립운동을 하는 인도 사람들을 잡아 가두고 전쟁터로 몰아넣었지만, 인도 사람들은 포기하지 않고 영국과 싸움을 계속했어. 그러자 영국은 더 이상 인도를 지배하기 어렵다는 사실을 깨닫고 인도 땅에서 물러나기로 했어.

그러나 인도의 독립 방식을 두고 인도 안에서 힌두교와 이슬람교 세력의 의견이 갈렸어. 인도에서 이슬람교를 믿는 사람들이 모여 만든 '**전인도 무슬림 연맹**'은 인도가 한 나라로 독립하는 것에 반대했어.

"인도가 한 나라로 독립하면 우리 이슬람교 신자들은 설 자리가 없어질 겁니다."

이들은 이슬람교를 믿는 사람들이 많이 사는 지역에 따라 이슬람 국가를 세워 독립하길 원했지. 하지만 간디와 네루 등 인도 국민 회의 사람들 대부분은 힌두교를 믿었어. 그래서 무슬림 연맹의 주장을 받아들일 수 없었지.

"독립한 인도는 하나의 나라여야 합니다. 우리가 나뉘면 안 돼요."

영국은 힌두교도와 이슬람교도 양쪽 모두와 협상을 벌이며 둘 사이를 더 갈라놓았어. 힌두교와 이슬람교 신자들은 ★무력 충돌까지 벌이며 싸웠고 많은 사람이 죽고 다쳤지. 간디는 인도를 돌아다니며 두 종교를 ★화합시켜 보려 했지만 실패했어.

1947년 8월 15일, 드디어 인도가 영국으로부터 독립을 선언했어. 100년 가까이 이어졌던 영국의 지배에서 벗어나는 순간이었지. 그러나 하나의 인도가 아니었어. 이보다 하루 전, 이슬람교를 믿는 인도인들이 파키스탄을 세워 독립을 선포했거든. 이렇게 인도는 독립과 동시에 힌두교의 나라 인도와 이슬람교의 나라 파키스탄으로 갈라지게 되었어.

이제 사람들은 자신의 종교에 따라 원래 살고 있던 땅을 떠나야 했지. 수백만의 힌두교 신자들이 파키스탄에서 인도로 넘어왔고, 또 수백만의 이슬람교 신자들이 인도를 떠나 파키스탄으로 들어왔어. 이 과정에서 충돌이 일어나 많은 사람이 목숨을 잃었지. 인도는 독립의 기쁨과 분리의 아픔을 함께 겪어야 했어.

낱말 체크

★ **무력 충돌** 때리거나 부수면서 맞부딪치다.

★ **화합** 화목하게 어울림.

간디, 암살되다

인도가 파키스탄과 나뉘자 간디는 두 종교를 화합시키고 파키스탄을 끌어안기 위해 단식을 시작했어. 그러나 간디의 행동을 못마땅하게 여긴 한 과격한 힌두교인이 간디에게 총을 쏘았지. 인도의 독립을 위해 평생을 살았던 간디는 영국으로부터 독립한 지 6개월 만에 세상을 떠났어. 간디의 죽음은 인도를 넘어 전 세계로 전해져 많은 사람들이 함께 슬픔을 나누었지.

▶ 파키스탄과 방글라데시 ▼

인도와 파키스탄으로 분리되어 독립한 후, 인도의 동쪽과 서쪽에 갈라져 있던 동파키스탄과 서파키스탄 사이에서도 갈등이 심해졌어. 종교는 같은 이슬람교였지만 인종과 언어가 달랐기 때문이었어. 이에 동파키스탄이 또다시 독립을 위한 투쟁을 벌여 방글라데시로 독립했어(1971). 식민지 시절 인도는 오늘날 인도, 파키스탄, 방글라데시의 세 나라로 쪼개졌어.

쏙쏙 퀴즈 맞으면 O, 틀리면 X

1 인도는 영국으로부터 독립하지 못했다.

2 인도는 종교적 이유로 파키스탄과 분리 독립했다.

1948년 서아시아

174 유대인의 나라, 이스라엘이 탄생하다

#팔레스타인
#유대인 #아랍인
#이스라엘 건국
#지키지못할약속은안해야지!

지중해 동쪽의 **팔레스타인** 땅은 오랜 옛날 **유대인**들이 나라를 세우고 살던 땅이야. 그러나 로마 제국에 의해 유대인들이 쫓겨나면서 이 땅에 **아랍인**들이 들어와 지난 2천 년 가까이 살아왔지. 그러나 제2차 세계 대전이 끝나고 이 땅에 큰 변화가 생겼어. 그 변화는 제1차 세계 대전 중에 영국이 했던 이중의 약속에서 시작돼.

"아랍인들! 영국을 도와주면 팔레스타인에 아랍인의 국가를 세워 줄게."

"유대인들! 영국을 지원하면 팔레스타인 땅에 유대인의 국가를 세워 주지."

영국은 아랍인과 유대인 모두에게 팔레스타인 땅에 나라를 세워 주겠다는 약속을 한 거야. 절대 동시에 이뤄질 수 없는 이중 약속이었

지만, 아랍인과 유대인은 영국의 말을 철석같이 믿고 기대했지.

제1차 세계 대전이 끝나자 유대인들은 영국이 한 약속을 내세워 팔레스타인 땅으로 이주해 들어왔어.

"영국이 약속한 대로 팔레스타인에 유대인의 나라를 세울 거야."

유대인들은 팔레스타인으로 밀고 들어오면서 이 땅에 원래 살고 있던 아랍인과 충돌하기 시작했지. 제2차 세계 대전 중에는 나치 독일의 유대인 학살을 피해 더 많은 유대인들이 팔레스타인으로 몰려들었어. 영국은 아랍인과 유대인 사이의 갈등에 ★갈팡질팡하다가 제2차 세계 대전이 끝나자 유엔에 이 문제를 맡기고 떠나 버렸어.

유엔은 팔레스타인 땅을 유대인 지역과 아랍인 지역으로 나누겠다고 발표했어. 그러나 이 결정은 유대인에게 유리한 결정이었지. 갑자기 팔레스타인 땅의 반 이상을 유대인들에게 빼앗기게 된 아랍인들은 유엔의 결정에 강하게 반대했어. 주변의 아랍 국가들도 반대하고 나섰지. 하지만 이런 반대에도 불구하고 유대인들은 1948년, 팔레스타인 땅에 유대인의 나라, '이스라엘'을 세웠어. 2천 년 가까이 땅을 잃고 떠돌던 유대인들에게도 나라가 생긴 거야.

"우리 팔레스타인 아랍인들의 삶의 터전은 점점 사라지는군."

이스라엘 건국은 팔레스타인 아랍인들에게 고난의 시작이었어. 이스라엘은 점점 더 많은 땅을 차지해 나갔고 많은 팔레스타인 아랍인들은 고향 잃은 ★난민이 되었지. 이들의 갈등은 지금도 계속되고 있어.

★ **갈팡질팡** 갈피를 잡지 못하고 이리저리 헤매는 모양.

★ **난민** 전쟁이나 재난 등을 당하여 곤경에 빠진 사람.

이스라엘을 지원하는 미국

미국 전체 인구의 2%가 유대인이야. 하지만 유대인이 세운 대기업과 언론사가 미국을 지배하고 있고, 미국 선거 자금 대부분이 유대인의 주머니에서 나온다는 말이 있을 정도로 유대인의 힘이 커. 이런 막강한 힘을 가진 유대인의 눈치를 볼 수밖에 없기에 이스라엘과 팔레스타인의 분쟁에서 미국은 늘 이스라엘을 지원하고 있지.

▶ 팔레스타인과 이스라엘의 갈등

팔레스타인 아랍인과 주변 아랍 국가들은 손잡고 이스라엘을 네 차례나 공격했어. 이것을 중동 전쟁이라고 불러. 그러나 네 차례의 중동 전쟁 모두 아랍인들이 지고 말았지. 팔레스타인 아랍인들은 이후 팔레스타인 해방기구(PLO)를 만들어 이스라엘을 향해 테러 활동을 벌였어. 이스라엘도 이에 보복했지. 한때 둘 사이에 화해가 이루어져 팔레스타인 자치 정부가 만들어지기도 했지만, 여전히 이스라엘은 팔레스타인 자치 정부를 인정하지 않고 팔레스타인 땅을 계속 공격해 국제 사회의 비난을 받고 있어.

 **맞는 것 고르기**

1 팔레스타인 땅에는 지난 2천 년 가까이 줄곧 (유대인/아랍인)들이 살아왔다.

2 (유엔/영국)의 이중 약속으로 팔레스타인 땅에서 영토 분쟁이 일어났다.

1945~1991년

175 세계가 냉전 속으로 들어가다

#트루먼 독트린
#마셜 계획
#NATO #WTO #냉전
#싸늘하다_비수가꽂힌다

제2차 세계 대전이 끝난 이후 전쟁 피해를 많이 입은 서유럽의 힘이 약해진 반면, 미국과 소련의 영향력은 커졌어. 소련은 폴란드와 헝가리 등 동유럽에 공산주의 정부를 세워 자기편을 늘려 나갔지.

"소련이 유럽을 공산주의로 물들이고 있군. 우리 미국이 나서서 막아야 해."

미국의 트루먼 대통령은 소련의 공산주의가 퍼지는 것을 막기 위해 미국이 자본주의 국가들을 도와주겠다는 **트루먼 ★독트린**을 발표했어. 그리고 국무장관 마셜의 제안에 따라 서유럽 국가들에 4년 동안 엄청난 돈을 지원해 주었지. 이른바 '**마셜 계획**'을 통해 미국의 도움을 받은 서유럽 국가들의 경제는 살아나기 시작했어.

또 미국은 유럽이 전쟁에 휩싸이는 것을 막기 위해 서유럽 국가들과 '**북대서양 조약 기구(NATO)**'라는 군사 동맹을 맺었어. 동맹을 맺

은 나라가 공격을 받으면 다른 동맹국이 군대를 보내 서로 돕기로 했지.

"미국이 서유럽 국가들과 똘똘 뭉치고 있네? 우리 소련도 가만히 있을 순 없지!"

미국이 세력을 키워 가는 것에 위협을 느낀 소련은 동유럽의 공산주의 국가들과 '**바르샤바 조약 기구(WTO)**'라는 군사 동맹을 조직해 나토에 맞섰어.

이제 세계는 두 편으로 나뉘어 힘겨루기를 시작했어. 미국을 중심으로 하는 자본주의 나라들과 소련을 중심으로 하는 공산주의 나라들이 편을 갈라 대립하게 된 거지. 미국과 소련이 직접 무기를 들고 전쟁을 벌인 건 아니야. 그러나 두 나라는 정치, 경제, 외교 등 여러 곳에서 치열하게 경쟁하며 세계를 긴장시켰어.

이 싸늘한 분위기를 차가운 전쟁이란 뜻의 '**냉전(Cold War)**' 체제라 불러. 제2차 세계 대전 이후에 나타난 새로운 세계 질서지. 냉전 속에서 미국과 소련의 대립은 세계 곳곳에 영향을 끼쳤어. 전쟁이 끝난 후 연합국 네 나라에 의해 점령되었던 독일이 동독과 서독으로 분단된 것도, 한국이 남한과 북한으로 분단된 것도 모두 냉전의 영향이었지. 특히 아시아의 한국과 베트남에서의 냉전은 진짜 무기를 들고 싸우는 뜨거운 전쟁, 즉 '열전'으로 번졌어.

낱말 체크

★ **독트린** 국제 사회에서 한 나라가 공식적으로 내세우는 원칙.

찰리 채플린

영화 〈모던 타임스〉로 유명한 배우, 찰리 채플린도 냉전의 희생양이야. 냉전이 심해지자 미국에서는 공산주의자를 잡아내자는 운동이 일어났어. 자기 마음에 들지 않는 사람들을 공산주의자로 몰아가는 일도 있었지. 사회 비판적인 영화를 만들어 왔던 찰리 채플린도 공산주의자로 몰려 미국 수사 기관의 감시와 탄압을 받다가 한동안 미국에서 추방되는 아픔을 겪기도 했어.

▶ 베를린 봉쇄와 독일의 분단

소련과 자본주의 국가 간의 대립이 심해지자 소련은 소련 점령지 안에 섬처럼 둥둥 떠 있는 서베를린을 고립시키는 베를린 봉쇄를 시작했어. 전기와 수도, 연료, 식량이 끊긴 채 갇힌 서베를린 사람들은 먹을거리를 걱정했지만, 그때 미국이 비행기를 이용해 서베를린에 필요한 물건들을 매일매일 실어 날라 주었지. 결국 소련은 8개월 만에 봉쇄를 중단했어. 이 사건으로 미국과 소련 사이가 더욱 나빠지면서 독일은 결국 동독과 서독으로 분단되었어. 그리고 동독 사람들이 서독으로 탈출하는 일이 잦아지자 소련은 동서 베를린 경계에 베를린 장벽을 쌓았지.

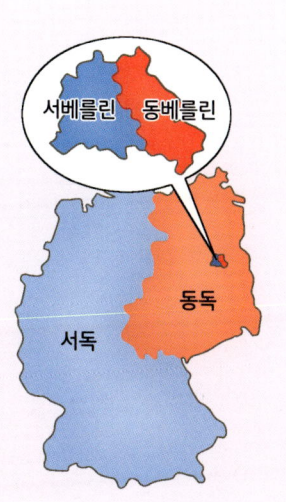

쏙쏙 퀴즈 - 맞는 것 고르기

1 미국은 서유럽 국가들과 (NATO/WTO)라는 군사 동맹을 맺었다.

2 제2차 세계 대전 이후 '차가운 전쟁'이라는 뜻의 새로운 국제 질서를 (열전/냉전)이라 한다.

1945~1949년 동아시아

176 중국에 공산주의 국가가 세워지다

#제2차 국공 내전
#공산당_중화 인민 공화국
#국민당_중화민국
#유교국가에서공산국가로!

일본을 몰아내기 위해 손을 잡았던 중국 국민당의 장제스와 공산당의 마오쩌둥은 일본이 항복하자 잡았던 손을 놓고 다시 갈등하기 시작했어.

그러나 마오쩌둥이 이끄는 공산당은 국민당 정부에 당하기만 했던 예전의 공산당이 아니었어. 공산당은 일본과 싸우는 과정에서 농촌에 남겨진 농민들을 자기편으로 만들며 세력을 키워 나가고 있었거든.

일본군이 물러나자 공산당 군대는 일본군이 놓고 간 땅들을 재빨리 차지해 '해방구'라 불리는 공산당의 점령지로 만들고 농민들에게 토지를 나누어 줬어. 그렇게 공산당 군대는 커져 나갔고 공산당을 지지하는 농민과 노동자들은 점점 많아졌지. 중국 땅 곳곳에 해방구가 늘어났어.

반면 국민당 정부는 국민당 관리들의 ★횡포와 급격하게 오르는 물가 때문에 국민들의 원망을 사고 있었지.

"공산당에 대한 농민들의 지지가 대단하군. 공산당을 막기 위한 전쟁을 시작해야겠어!"

국민당 정부의 장제스는 1946년, 공산당을 공격해 전쟁을 시작했어. 국민당과 공산당 사이에 내전이 일어난 거야. 이를 중·일 전쟁 이전에 일어났던 국공 내전에 이어 '제2차 국공 내전'이라고 불러.

내전 초반에는 미국의 지원을 받은 국민당군이 압도적인 무기와 군대를 이용해 승리하는 듯 보였어. 그러나 곧 공산당군이 반격을 시작했지.

"후퇴하면서 국민당 정부군을 흩어지게 한 다음, ★포위해 공격하자!"

공산당군은 공격과 후퇴를 반복하는 게릴라전을 펼쳤어. 곳곳의 농민들이 공산당군을 적극 도와주었지. 소련이 보내 준 무기들도 공산당군에게 큰 도움이 되었어. 결국 공산당군은 내전 초반에 국민당 정부군에게 빼앗겼던 땅을 모두 되찾고 국민당 정부의 수도인 난징까지 무너뜨렸어.

장제스의 국민당 정부는 중국 땅을 탈출해 바다 건너 **타이완**으로 달아났고, 마오쩌둥은 1949년 베이징에서 '**중화 인민 공화국**'의 탄생을 선언했어. 이제 공산당이 중국 대륙을 완전히 차지했고, 중국은 공산주의 국가가 되었지.

낱말 체크

★ 횡포 제멋대로 굴며 몹시 난폭함.

★ 포위 주위를 에워쌈.

공산당의 토지 개혁

공산당은 자신들이 차지한 해방구에서 가난한 농민들을 위한 토지 개혁을 실시했어. 부자들의 토지와 재산을 뺏어 농민들에게 나눠 준 거지. 또 농민들을 못살게 구는 지주를 벌주고 농민들의 이자도 줄여 주었어. 농민들은 공산당의 이런 개혁을 두 팔 벌려 환영했고 공산당이 내전에서 승리하도록 적극 도와줬어.

▶ 중국과 타이완

장제스의 국민당은 타이완으로 탈출해 자본주의 국가인 중화민국을 이어갔어. 우리에게는 '대만'이라는 이름으로 불리지. 그러나 중화 인민 공화국은 지금도 타이완을 독립된 나라로 인정하지 않아. '하나의 중국'을 내세우며 타이완을 중화 인민 공화국의 땅으로 보고 홍콩과 마카오처럼 언젠가 중국 땅이 될 지역으로 생각하고 있지.

쏙쏙 퀴즈 맞는 것 고르기

1 (**국민당**/공산당)은 중국 땅 곳곳에 해방구를 늘려 나갔다.

2 국민당의 장제스는 (**타이완**/홍콩)에서 중화민국을 탄생시켰다.

1950~1953년 동아시아

177 한반도에서 6·25 전쟁이 일어나다

#남북 분단 #6·25 전쟁
#인천 상륙 작전
#휴전 협정
#다시는없어야할민족의비극

일본의 지배에서 벗어난 한반도도 냉전의 영향을 받았어. **38도선**을 경계로 남쪽은 미군, 북쪽은 소련군에게 점령되었다가 각각 정부가 세워져 **남한**과 **북한**으로 분단되었지. 남북한은 서로 경쟁하면서 38도선 근처에서 자주 ☆충돌했어.

북한의 지도자 김일성은 중국에서 공산주의 국가가 탄생하는 것을 보며 자신감을 얻었어.

"소련이 도와준다면 북한이 한반도 전체를 차지할 수 있을 거야!"

김일성은 소련의 스탈린, 중국의 마오쩌둥을 만나 북한의 전쟁을 돕겠다는 약속을 받아 냈지.

"으악, 기습 공격이다!"

1950년 **6월 25일** 일요일 새벽, 북한군은 탱크를 앞세우고 38도선

을 넘어 남한을 침략했어. 6·25 전쟁이 터진 거야. 엄청난 군사력으로 밀고 내려오는 북한군에 밀려 남한군은 계속 남쪽으로 후퇴해야 했지. 3일 만에 서울이 점령당했고, 남한의 대통령 이승만은 몰래 서울을 빠져나가 대전으로 몸을 피했어. 북한군은 낙동강까지 밀고 내려왔고 한반도 전체가 북한의 차지가 되는 듯했어.

그러나 미국을 중심으로 16개 나라 군대가 연합한 유엔군이 남한을 도와 6·25 전쟁에 뛰어들었어. 유엔군을 이끈 총사령관 맥아더 장군은 인천 상륙 작전에 성공하며 반격을 시작했지. 서울을 되찾은 남한군과 유엔군은 38도선을 넘어 평양을 점령하고 압록강까지 밀고 올라갔어. 이번에는 남한이 한반도 전체를 통일할 수 있을 것 같았지.

그러자 중국이 어마어마한 군대를 지원해 북한을 도왔어. 중국군에 밀린 유엔군과 남한군은 후퇴하기 시작했고 서울은 다시 북한군 손에 들어갔지. 유엔군은 한반도에 폭격을 퍼부으며 북한군과 중국군을 공격했어.

"이제 그만! 전쟁을 멈춥시다."

더 이상의 전쟁 피해를 막기 위해 ★휴전을 위한 회의가 시작되었어. 그러나 이 회의는 서로 간의 의견 차이로 결론을 내리지 못하고 시간을 끌었지. 회의장 밖에서 전투는 계속되었어. 그리고 마침내 1953년, 양측이 휴전 협정에 사인하면서 전쟁은 3년 만에 멈추었지.

한국 전쟁은 냉전 속에서 유엔군과 중국군이 참여한 국제 전쟁이 되어 많은 사람들에게 큰 상처를 남겼어.

★ 충돌 서로 맞부딪치거나 맞섬.
★ 휴전 전쟁을 잠시 멈추는 일.

애치슨 선언

한국 전쟁 직전, 미국은 태평양 방위선 안쪽만 보호하겠다는 '애치슨 선언'을 발표했어. 이 방위선에는 한반도가 빠져 있었지. 이를 안 북한은 공격에 성공할 가능성이 커졌다고 생각해 더 적극적으로 침략을 준비했어.

▶ 전쟁 기념관 ▼

서울 용산구에 있는 전쟁 기념관은 대한민국이 겪어 온 전쟁의 기록들을 모아 알리는 곳이야. 기념관 앞 평화 광장에는 유엔군 참전 국가들의 국기와 기념비가 세워져 있고 입구 복도에는 한국 전쟁 중에 사망한 군인과 경찰들의 이름이 새겨져 있어. 기념관 야외에 만들어진 조각상 '형제의 상'은 남한 군인 형과 북한 군인 동생이 전쟁터에서 극적으로 만나 껴안은 가슴 아픈 이야기를 담고 있어. 한 가족이 편을 갈라 싸워야 했던 전쟁을 통해 냉전이 만든 비극을 느낄 수 있지.

맞으면 O, 틀리면 X

1. 김일성은 유엔군의 도움을 받아 남한을 공격했다. ☐

2. 맥아더 장군의 인천 상륙 작전으로 서울을 되찾았다. ☐

1964~1975년

178 베트남 전쟁이 일어나다

#북베트남 공산주의 정부
#베트콩 #통킹만 사건
#베트남 전쟁
#미국이처음으로패배한전쟁

프랑스로부터 독립한 베트남은 곧 남과 북으로 나뉘었어. 독립운동 지도자이자 북베트남의 공산주의 정부를 이끌었던 호찌민은 베트남을 하나로 통일하자고 외쳤지. 그리고 이를 지켜보던 미국은 불안해졌어.

"이러다 남베트남도 공산주의에 물들겠는데? 남쪽에 미국 말 잘 듣는 정부를 세워야 해."

미국은 아시아에 더 이상의 공산 국가를 만들어서는 안 된다는 생각으로 남베트남에 돈과 무기를 지원해 미국 편으로 끌어들였어. 그러나 미국의 지원을 받는 남베트남 정부는 점점 썩어 갔어. 정부의 관리들은 미국으로부터 받은 돈으로 자기 배만 불렸고, 정부에 반대하는 국민을 탄압했지.

남베트남의 공산주의자들은 이런 정부를 뒤엎어 버리기 위해 '남베

트남 민족 해방 전선'을 만들어 활동하기 시작했어. 사람들은 이들을 '베트남 공산주의자'라는 뜻의 '베트콩'이라 불렀지. 북베트남은 베트콩들의 활동을 적극적으로 도왔어.

그러던 1964년, 미국 함대가 베트남의 통킹만 앞바다에서 북베트남의 *선제공격을 받았다고 주장했어. 이를 통킹만 사건이라 하는데 정말 미국이 공격을 받았는지는 지금도 확실하지 않아. 그러나 이 사건을 핑계로 미국은 베트남에서 전쟁을 시작했지. 미국은 전 세계 동맹국에 군대를 요청했는데, 이때 한국도 베트남에 군대를 보내 미국을 도왔어.

"어림없지! 베트남은 우리가 지킨다!"

베트콩들은 끝까지 미국에 맞서 싸웠어. 정글에 숨어 있다가 나타나 공격한 뒤 다시 숨어 버리는 게릴라 작전으로 미군을 곤란하게 했지. 북베트남의 호찌민은 베트콩에게 전쟁 물자와 군사를 지원해 주었고 소련과 중국도 베트콩을 도왔어.

한편 미국 안에서는 베트남에서 저지른 학살과 엄청난 군사비 때문에 이 전쟁에 반대하는 목소리가 높아졌어. 세계 곳곳에서도 전쟁 반대 시위가 일어났지.

결국 1975년 미국은 베트남에서 *철수를 결정했어. 미국이 나가자 북베트남과 베트콩이 남베트남의 수도 *사이공을 점령했고, 하나로 통일된 베트남은 공산주의 국가가 되었지. 베트남 전쟁은 냉전 이후 미국이 처음 패배한 전쟁이자, 미국 역사상 최악의 굴욕으로 남았어.

낱말 체크

★ **선제공격** 상대편을 제압하기 위해 먼저 쳐서 공격하는 일.

★ **철수** 진출했던 곳에서 물러남.

★ **사이공** 베트남 최대 도시로 통일 이후 '호찌민'으로 이름이 바뀜.

구찌 땅굴

남베트남 구찌 지역의 정글 속에 만들어진 구찌 땅굴은 지하 8m에 길이가 무려 250km로 주방, 병원, 침실 등을 갖춘 거대한 지하 세계였어. 땅굴 입구는 최대한 작게 만들고 나뭇잎으로 가려 놓아 미군에게 쉽게 발견되지 않았지. 베트콩들은 미군과 싸우다 이곳으로 숨어들었고 또 갑자기 땅속에서 나타나서 미군들을 놀라게 했어.

▶ **보트 피플** ▼

공산주의 국가가 된 베트남에서 공산주의에 반대하고 미국에 협조했던 사람들은 갈 곳이 없어졌어. 이들은 배를 타고 바다를 통해 베트남을 탈출하기 시작했지. 이렇게 조국을 떠나 난민이 된 사람들을 배 위의 사람들, '보트 피플'이라고 불러. 이들은 험난한 바다에서 끔찍한 일을 당하기도 했지. 다행히 살아남은 사람들은 태국, 홍콩 같은 동남아시아 국가들뿐 아니라 멀리 미국과 호주로까지 들어갔어. 한국의 부산에도 보트 피플을 위한 난민촌이 있었다고 해.

 **맞는 것 고르기**

1 프랑스로부터 독립한 이후 (북/남)베트남에는 공산주의 정부가 들어섰다.

2 미국은 베트남 전쟁에서 (승리/패배)한 후 철수했다.

1957~1969년

179 미국과 소련, 우주 경쟁을 벌이다

#미국과 소련_우주 경쟁
#유리 가가린
#닐 암스트롱
#지구를넘어우주경쟁시대로!

냉전 속에서 미국과 소련은 자신들이 군사적으로 더 뛰어나다는 것을 *증명하기 위해 경쟁적으로 핵무기를 개발했어. 세계 최초로 원자 폭탄을 발명한 미국을 따라잡기 위해 소련은 핵무기 개발에 힘을 쏟았지.

그 과정에서 소련은 핵무기뿐 아니라 한 대륙에서 다른 대륙까지 쏘아 보낼 수 있는 미사일도 개발했어. 쏘면 우주 공간까지 올라갔다가 내려와 목적지에 떨어지도록 만들어졌지. 이 기술을 이용해 소련은 1957년 세계 최초의 인공위성, 스푸트니크 1호를 발사했어. '동반자'라는 뜻의 스푸트니크 1호는 농구공만 한 크기로 만들어져 우주로 발사되었고 3개월 동안 '삐…삐…' 신호를 보내며 지구 *궤도를 돌다가 사라졌지.

"말도 안 돼! 소련이 우리 미국을 앞지르다니!"

"저 로켓에 핵무기를 실어 공격하면, 우리 미국은 끝장이야."

큰 충격을 받은 미국도 부랴부랴 인공위성을 쏘아 올렸어. 미국과 소련의 경쟁은 이제 지구를 넘어 우주로까지 확대된 거지.

다음 목표는 인간을 우주로 보내는 것이었어. 이 역시 소련이 한발 앞섰지. 소련의 공군 비행사 **유리 가가린**은 우주선을 타고 지구 궤도를 한 바퀴 돈 후 1시간 20분 만에 무사히 지구로 돌아왔어. 유리 가가린은 인류 역사상 최초로 우주에 나간 인간으로 소련뿐 아니라 전 세계의 영웅이 되었지.

우주 경쟁에서 번번이 소련에 밀린 미국의 케네디 대통령은 야심 찬 계획을 발표했어.

"우리는 10년 안에 달에 갈 것입니다."

미국은 소련보다 먼저 인간을 달에 착륙시키기 위한 '아폴로 프로젝트'를 시작했지. 몇 번의 실패 끝에 1969년 **아폴로 11호**가 달 표면에 착륙하는 데 성공했어. 그리고 우주 비행사 **닐 암스트롱**이 인류 최초로 달 표면을 밟았지.

"이것은 한 명의 인간에게는 작은 발걸음이지만, 인류에게는 큰 도약입니다."

닐 암스트롱은 달에 발을 딛고 이렇게 말했어. 이제 인류는 지구에서 수만 킬로미터 떨어진 달에도 발자국을 남기게 된 거야. 미국이 우주 경쟁에서 소련에 처음으로 승리한 순간이었지.

낱말 체크

★ **증명** 진실인지 아닌지 증거를 들어서 밝힘.

★ **궤도** 다른 천체의 둘레를 돌면서 그리는 곡선의 길.

나사 (NASA)

미국은 우주 개발을 총지휘하는 기구인 미 항공 우주국, '나사(NASA)'를 만들었어. 미국은 그동안 여러 기관에서 진행하던 우주 개발 사업을 이곳에 집중시켜 소련을 따라잡으려 했지. 최근 나사는 화성 개발이나 달 탐사, 우주 관광 산업 등에도 관심을 기울이고 있어.

마이클 콜린스

아폴로 11호에는 세 명의 우주 비행사가 타고 있었어. 그중 닐 암스트롱이 최초로 달을 밟았고, 두 번째로 버즈 올드린이 내렸지. 하지만 조종사 마이클 콜린스는 시스템 점검 및 통신 작업으로 우주선에 남아 내리지 못했어.

▶ 우주로 보내진 라이카

우주 개발의 역사에는 인간의 도전을 위해 희생된 동물들이 여럿 있어. 소련의 떠돌이 개, 라이카가 그중 하나야. 소련은 사람을 우주로 보내기 전에 라이카를 먼저 보내 생명체가 우주에서 버틸 수 있는지를 실험해 보려 했지. 라이카는 훈련을 받은 후 스푸트니크 2호를 타고 우주로 보내졌어. 라이카는 발사 일주일 후에 독이 든 음식을 먹고 죽게 되어 있었지만, 실제로는 발사 당시의 엄청난 열과 스트레스 때문에 몇 시간 만에 고통스럽게 죽어 갔다고 해. 몇 년 후 미국은 인간과 가장 비슷한 동물인 침팬지로 같은 실험을 했어.

우표에 그려진 라이카

쏙쏙 퀴즈 — 맞으면 O, 틀리면 X

1 세계 최초의 인공위성은 미국이 발사했다.

2 미국의 닐 암스트롱은 인류 최초로 달을 밟았다.

혁명을 낳은 우정, 체 게바라와 피델 카스트로

아메리카 대륙 한가운데 위치한 '쿠바'라는 나라를 알고 있니? 쿠바는 카리브해에 자리 잡은 섬나라로, 야구와 재즈 음악, 살사 댄스로 유명하지. 그리고 혁명의 나라이기도 해. 쿠바 혁명을 이끌었던 체 게바라와 피델 카스트로는 세계적인 혁명가로 널리 알려져 있어.

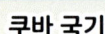
쿠바 국기

체 게바라, 가난한 이들을 보며 혁명을 결심하다

에르네스토 게바라
(1928~1967)

체 게바라는 아르헨티나의 부유한 집에서 태어났어. 본명은 에르네스토 게바라로, 체 게바라는 별명이었지만 훗날 그를 대표하는 이름이 되었지. '체'는 친구를 부를 때 쓰는 말로 '여보게', '자네'라는 뜻이야. 의대에 들어간 그는 친구와 오토바이를 타고 라틴 아메리카의 여러 나라들을 여행했어. 이 여행은 체 게바라의 인생을 완전히 뒤바꿔 놓았지. 라틴 아메리카의 가난한 사람들의 삶을 보고 충격을 받아 이들을 돕는 혁명에 나서기로 결심한 거야. 그리고 피델 카스트로를 만나게 되었지.

피델 카스트로, 독재 정치에 분노하다

쿠바 사람인 피델 카스트로는 조국의 현실에 분노하고 있었어. 당시 쿠바는 바티스타라는 군인 출신 대통령이 미국과 손잡고 독재 정치를 하고 있었거든. 쿠바의 회사와 농장은 바티스타 집안과 미국이 모두 차지했어. 미국인들이 쿠바 해변의 땅을 사들여 여유롭게 휴가를 즐기는 반면,

피델 카스트로
(1926~2016)

쿠바 사람들은 집도 없이 가난하게 살아야 했지. 바티스타의 독재에 대한 쿠바 국민의 불만이 쌓여 갔지만, 미국을 등에 업은 바티스타는 이를 무시하고 자기 배만 채워 나갔어.

변호사로 활동하던 카스트로는 쿠바의 친미 독재 정부를 갈아엎기 위해 혁명의 길로 뛰어들었어. 그러나 제대로 준비되지 않은 탓에 곧 체포되었지. 감옥에서 풀려나 멕시코로 건너간 카스트로는 그곳에서 혁명의 동지가 될 체 게바라를 만나.

 ### 만남, 그리고 혁명

1962년, 체 게바라와 피델 카스트로

멕시코에서 혁명의 뜻이 통한 카스트로와 체 게바라는 함께할 동료들을 모아 쿠바로 돌아갔어. 그러나 도착하자마자 정부군의 공격을 받았고 소수의 인원만 살아남았지. 이들은 산속으로 들어가 게릴라전을 시작했어. 3년간의 싸움 끝에 독재자 바티스타는 외국으로 도망쳤고 카스트로와 체 게바라는 대통령궁을 차지했어. 혁명에 성공한 거야.

1959년 새롭게 세워진 카스트로 정부는 미국인이 가진 대농장과 회사를 뺏어 국가가 소유하는 사회주의 개혁을 시작했어. 학교를 세워 무료 교육을 했고 병원을 늘려 누구나 진료를 받을 수 있도록 했지.

 ### 혁명 이후, 두 사람

은행 총재와 장관 등을 맡으며 쿠바를 위해 일하던 체 게바라는 사회주의 혁명이 끊임없이 이어져야 한다고 생각했어. 그래서 쿠바를 떠나 아프리카 콩고의 게릴라 활동을 돕고, 볼리비아 혁명에도 참여했지. 그러나 볼리비아에서 게릴라 전투를 벌이던 중 정부군에 체포되어 39살의 나이로 죽음을 맞았어. 자신이 꿈꾸는 좋은 세상을 만들기 위해 열정을 바쳤던 체 게바라는 지금도 세계 젊은이들의 모델이 되고 있어.

한편 카스트로는 쿠바 혁명 성공 후 49년 동안 쿠바를 통치했어. 카스트로는 쿠바를 평등한 세상으로 이끈 혁명 영웅이야. 그러나 미국과의 대립하며 오랜 기간 쿠바 사람들의 자유를 억누르고 경제를 망가뜨린 독재자였다는 평가를 받기도 해.

1962년

180 핵전쟁 턱밑까지 갔던 쿠바 위기

#쿠바 미사일 위기
#튀르키예 미사일 철수
#케네디 #흐루쇼프
#핵전쟁_지구를소멸하는길

1962년 미국 주변을 정찰 중이던 미군 비행기가 쿠바의 한 지역에서 **미사일 기지**를 발견했어.

"소련 미사일 기지잖아? 미사일이 우리 미국 쪽을 향하고 있어!"

쿠바가 사회주의 혁명에 성공하자 미국은 쿠바를 압박해 왔었어. 이에 쿠바의 지도자, **피델 카스트로**는 소련에 도움을 요청했지. 그러자 소련은 쿠바에 미사일 기지를 세워 미국을 압박하려 한 거야.

미국과 불과 150km 떨어진 쿠바에, 소련이 그냥 미사일도 아닌 핵미사일 기지를 세우고 있다는 사실을 알게 된 미국은 긴장했어. 이 핵미사일이 발사된다면 미국 주요 지역은 몇 분 안에 ★소멸할 것이 뻔했지.

미국의 **케네디** 대통령은 소련에 당장 미사일 기지를 철수하라고

요구했어. 항공 모함을 보내 쿠바로 향하는 모든 바닷길을 막고는 미사일을 실은 소련 배가 쿠바로 들어가지 못하게 막았지.

그러나 소련은 미국의 철수 요구를 거부하고 길을 막는 미군 함대를 쏘겠다고 위협했어. 쿠바 바다 위에서 소련과 미국은 이렇게 양보 없이 맞서고 있었지. 결국 케네디는 소련의 **흐루쇼프**에게 경고를 날렸어.

"쿠바에서 핵미사일이 발사된다면 미국은 소련에 핵무기를 쏘아 ★**보복**하겠소."

미국과 소련은 각자 전쟁 준비에 들어갔고 세계는 이제 핵전쟁의 위기에 처했어. 정말 금방이라도 제3차 세계 대전이 시작될 것 같았지. 하루하루 긴장은 커져만 갔어. 그러나 그때, 소련의 흐루쇼프가 먼저 한발 물러났어.

"미국이 튀르키예에 배치해 놓은 미사일을 철수한다면 소련도 쿠바에 미사일 기지를 세우지 않겠소."

흐루쇼프의 제안은 라디오 방송으로 전달되었고 미국은 이 제안을 받아들였어. 전쟁을 피하기 위해 미국과 소련 두 나라가 한발씩 서로 양보하기로 한 거야. 이렇게 소련은 쿠바에서 물러났고, 이후 미국과 소련은 함께 핵 실험을 멈추겠다는 약속도 했어.

이 모든 일은 단 13일 동안 벌어진 일이었어. 그 짧은 시간 동안 인류를 핵전쟁 바로 직전까지 가게 한 **쿠바 미사일 위기**는 냉전 시대를 통틀어 가장 위험했던 긴장의 순간이었지. 그러나 이 사건 이후 미국과 소련의 긴장은 조금씩 풀리기 시작해.

★ **소멸** 사라져 없어짐.

★ **보복** 남이 준 해를 그대로 갚아 줌.

카스트로 암살 계획

쿠바 혁명 이후 미국의 CIA는 카스트로 정권을 무너뜨리기 위해 온갖 암살 계획을 꾸몄어. 최근 발견된 비밀문서에 따르면 쿠바 혁명 이후 미국은 50년 동안 638번이나 카스트로의 암살을 시도했다고 해. 이 모든 암살 시도에도 살아남은 카스트로는 2016년, 90세의 나이로 세상을 떠났어.

▶ **흐루쇼프와 케네디의 대립** ▼

쿠바 미사일 위기 동안 미국과 소련 사이에는 제대로 된 연락 수단이 없어서 의사소통에 서로 오해가 많았어. 결국 쿠바 미사일 위기 이후 미국의 백악관과 소련의 크렘린궁 사이에는 '핫라인'이라 불리는 긴급 전화가 만들어졌지.

쏙쏙 퀴즈 맞는 것 고르기

1 소련은 (미국/쿠바) 땅에 핵미사일 기지를 세웠다.

2 (흐루쇼프/케네디) 대통령은 소련의 미사일 기지 철수를 요구했다.

1954년~현재

181 제3 세계가 떠오르다

#비동맹 중립 #제3 세계
#네루와 저우언라이
#반둥 회의 #평화 10원칙
#세상엔미국소련만있는게아님

제2차 세계 대전 후 새롭게 독립을 얻은 아시아와 아프리카의 여러 나라들은 미국과 소련이 이끄는 냉전 질서에서 벗어나고 싶었어. 오랫동안 식민 지배를 받아 왔기 때문에 더 이상 강대국에 이용당하고 싶지 않았던 거지.

"미국과 소련 둘 다 싫어! 우린 어느 쪽과도 동맹을 맺지 않을 거야."

이렇게 '비동맹 ★중립'을 내세우며 미국과 소련 중 어느 편에도 서지 않은 나라들을 '제3 세계'라고 불러. 미국 중심의 자본주의 국가들을 제1 세계, 소련 중심의 공산주의 국가들을 제2 세계라고 한다면 이들은 양쪽 모두 아닌 제3의 길을 간다는 뜻에서 붙인 이름이지.

제3 세계는 1954년, 인도의 총리 네루와 중국의 총리 저우언라이의 만남에서 출발했어. 이 두 사람은 인류의 평화를 위해 힘을 모으

자며 '**평화 5원칙**'을 발표했지. 서로 존중하고 침략하지 않으며 평화롭게 함께 살아가자는 내용이었어.

다음 해에는 아시아와 아프리카의 29개 나라 대표들이 인도네시아 **반둥**에 모여 '평화 5원칙'을 기초로 **회의**를 열었어.

"우리는 그동안의 제국주의와 식민 지배에 반대합니다!"

"미국과 소련 중심으로 돌아가는 지금의 냉전 질서도 문제예요."

이렇게 뜻을 모은 여러 나라는 '**평화 10원칙**'을 발표했어. 평화 5원칙을 발전시킨 평화 10원칙에는 모든 나라가 서로 존중하고 협력할 것, 침략하지 않을 것, 강대국이 만든 동맹에 참여하지 않을 것, 국제 분쟁을 평화적으로 해결할 것 등의 원칙을 담았지.

이 발표를 통해 아시아와 아프리카의 여러 나라들은 하나로 뭉쳐 제3 세계의 존재를 세계에 알렸어. 반둥 회의 이후, 아프리카의 더 많은 나라들이 독립을 얻어 제3 세계로 들어왔지. 이 나라들은 ★정기적으로 비동맹 회의를 열어 자신들의 이익과 권리를 지키기 위해 노력해 나갔어.

제3 세계의 등장은 국제 사회에 큰 변화를 일으켰어. 제3 세계에 속한 나라들은 경제력과 군사력은 약했지만, 인구를 합치면 세계의 절반을 넘었거든. 미국과 소련도 이들을 마냥 무시할 수 없었지. 결국 제3 세계의 등장으로 미국과 소련이 이끌어 가는 냉전은 조금씩 흔들리기 시작했어.

낱말 체크

★ **중립** 어느 편에도 치우치지 않고 중간적인 입장에 섬.

★ **정기적** 기한이나 기간이 일정하게 정하여져 있는 것.

유고슬라비아

유고슬라비아는 제2차 세계 대전 후 발칸반도에 탄생한 공산주의 국가야. 당시 대통령이었던 티토는 제3 세계로 들어가려고 하였지. 소련 눈치만 보며 살기보다 나라를 잘살게 만드는 것이 중요하다고 생각했기 때문이야. 그러나 1990년대 이후 유고슬라비아는 여러 나라로 분리되어 사라졌어.

유고슬라비아에서 분리된 나라들

▶ 제3 세계 국가들의 한계

제3 세계의 등장이 냉전에 영향을 미친 것은 사실이지만, 이들도 미국과 소련의 영향에서 완전히 벗어나기는 어려웠어. 비동맹을 외치면서도 미국이나 소련의 경제적, 군사적 도움을 받아야 하는 나라들이 많았지. 또 제3 세계 안에서 부유한 나라와 가난한 나라의 격차가 심해지면서 제3 세계의 단결력은 약해졌어. 지금도 제3 세계 국가들 중에는 배고픔과 질병에 시달리는 나라들이 많아. 게다가 소련이 해체된 이후, 제3 세계는 점차 의미를 잃어 가고 있어.

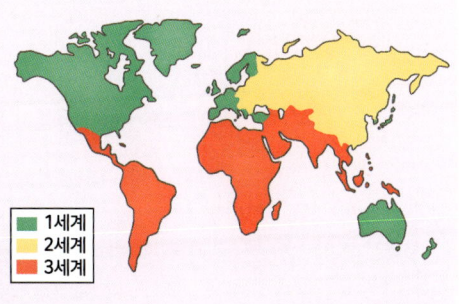

■ 1세계
■ 2세계
■ 3세계

쏙쏙 퀴즈 맞는 것 고르기

1 비동맹 중립을 내세우는 나라들을 제(1/2/3) 세계라고 한다.

2 (반둥/빈둥) 회의에서 평화 10원칙이 발표되었다.

1958년~현재

182 중국, 개혁 개방을 시작하다

#홍위병 #문화 대혁명
#덩샤오핑 #개혁 개방 정책
#톈안먼 사건
#공산주의와자본주의의공존

중화 인민 공화국을 세운 마오쩌둥은 1950년대 말, 중국식 사회주의 경제 성장을 위한 대약진 운동을 펼쳤으나 크게 실패했어. 마오쩌둥은 이 실패를 책임지고 정치에서 물러났지. 그러나 권력을 되찾고 싶었던 마오쩌둥은 수백만의 학생들을 움직여 **홍위병**을 조직했어.

"마오쩌둥의 말씀을 받아들여 중국의 낡은 문화와 자본주의를 뿌리 뽑읍시다!"

마오쩌둥을 숭배하는 홍위병들은 중국의 지식인들이 사회주의에 위협이 된다며 닥치는 대로 잡아 ★처단했어. 중국의 오래된 전통문화도 파괴했지. 홍위병이 일으킨 끔찍한 혼란은 마오쩌둥이 죽기 전까지 10년 동안 이어졌어. 이 사건을 '**문화 대혁명**'이라고 하는데, 마오쩌둥의 권력 욕심이 만든 비극이었지.

마오쩌둥이 죽은 뒤 권력을 잡은 **덩샤오핑**은 문화 대혁명으로 무너진 중국 경제를 살리기 위한 새 길을 찾았어.

"검은 고양이든 흰 고양이든 쥐만 잘 잡으면 되지 않을까요?"

덩샤오핑은 자본주의든 공산주의든 상관없이 경제만 살리면 된다는 실용적인 생각을 했어. 그래서 사회주의 경제에 자본주의의 좋은 점들을 적극 받아들이는 '**개혁 개방 정책**'을 펼쳤지. 중국 해안 도시들을 ★경제특구로 정해 외국 회사들이 자유롭게 활동하도록 했고 중국인들도 개인 회사를 세울 수 있게 되었어. 농민들은 농사지은 식량을 시장에 팔 수 있게 되었지. 열심히 일한 만큼 많이 벌 수 있게 되자 중국 경제는 점점 살아났어.

그러나 공산당의 독재와 비리는 계속되었어. 1989년 백만 명의 사람들이 베이징 톈안먼 광장에 모여 민주주의를 요구하는 시위를 벌였지.

"자유가 아니면 죽음을 달라!"

이를 '**톈안먼 사건**'이라고 해. 그러나 중국 정부는 무자비하게 시위를 진압했어. 자본주의를 받아들여 경제 성장을 이끈 덩샤오핑이었지만 공산당에 대한 반대는 인정할 수 없었던 거야.

이후 중국은 경제 성장을 계속해 세계 2위의 경제 대국이 되었어. 그러나 빈부 격차는 점점 커지고 빠른 경제 개발로 환경이 파괴되고 있어. 게다가 공산당 독재는 여전히 계속되고 있지.

낱말 체크

★ **처단** 결단을 내려 처치하거나 처분함.

★ **경제특구** 경제 면에서 특별 우대 정책이 적용되는 지역.

참새를 없애라!

마오쩌둥은 곡식을 쪼아 먹는 참새가 해로운 동물이라고 생각했어. 그래서 참새를 보는 대로 잡아 없애라고 명령했지. 하지만 메뚜기를 잡아먹던 참새가 사라지자, 메뚜기 떼가 들판을 장악하면서 오히려 곡식 피해가 더 커졌어. 여기에 자연재해까지 겹치면서 많은 중국인이 굶어 죽었지. 마오쩌둥의 정책 실패를 보여 준 사건이야.

홍위병

홍위병은 '마오쩌둥을 지키는 붉은색의 병사'라는 뜻이야. 홍위병에 잡힌 사람들은 재판을 받고 온갖 모욕과 폭력을 당했어. 심한 경우에는 목숨을 잃기도 했어.

쏙쏙 퀴즈 맞는 것 고르기

1 마오쩌둥은 (홍위병/청위병)을 조직해 반대파를 제거했다.

2 중국인들은 (자금성/톈안먼)에 모여 민주주의를 요구하는 시위를 했다.

▶ **2008 베이징 올림픽** ▼

덩샤오핑의 개혁 개방 이후 중국은 빠르게 성장하며 국제 사회에서 영향력을 키웠어. 2008년에는 베이징 올림픽을 성공적으로 개최해 중국이 강국의 자리에 올랐음을 전 세계에 알렸지. 불꽃놀이 등에 엄청난 돈과 기술을 쏟아부은 개막식부터, 독특하고 아름다운 올림픽 경기장, 중국인들이 보여 준 개방적 태도 등은 덩샤오핑의 개혁 개방 정책이 이룬 성과를 제대로 보여 주었어.

베이징 올림픽 오프닝 세레머니

1960년대

183 자유와 평화를 외친 68 운동

#68 운동
#반전 운동
#저항 운동
#사회문제를바꾸는힘은행동!

1960년대 미국과 유럽의 경제는 빠르게 발전했고 사람들은 풍요로운 삶을 누렸어. 교육과 생각의 수준도 높아졌지. 그러나 사회 수준은 그만큼 높아지지 않았어. 특히 젊은이들의 눈에는 냉전 속에서 자유를 억압하는 사회 분위기와 계속되는 전쟁, 빈부 격차 같은 문제들이 답답해 보였지. 전범들이 여전히 활개 치는 등 정의가 제대로 실현되지 않고 있는 현실도 문제였어.

자유로운 생활을 꿈꾸며 대학에 들어갔지만, 대학 역시 학생들의 자유를 억누르기만 했지. 1968년 봄, 프랑스의 한 대학교 학생들이 자신들의 자유를 막는 억압적인 학교 운영에 반대하는 시위를 시작했어. 시위는 프랑스 대학 전체로 퍼졌고 여기에 천만 명의 노동자들이 함께 참여해 파업을 벌였지.

"낡고 잘못된 사회 질서를 거부한다! 모두 뜯어고치자!"

1968년에 일어난 젊은이들의 이런 저항 운동을 '**68 운동**'이라고 불러. 68 운동은 미국, 독일, 일본 등 여러 나라로 퍼져 나갔고, 사회를 바꾸고자 하는 젊은이들의 시위가 세계 곳곳에서 일어났어. 젊은이들은 쿠바의 체 게바라나 베트남의 호찌민을 영웅으로 여기며 평화를 깨뜨리고 자유를 억누르는 국가에 불만을 쏟아 냈지.

특히 베트남 전쟁 소식에 전 세계 사람들이 분노했어. 베트남에서는 미군의 폭격에 수많은 사람들이 죽거나 다쳤고, 군인이 민간인을 학살하는 등 상상할 수 없는 일들이 일어나고 있었지. 사람들은 거리로 나와 ★반전 시위를 벌였어.

"미국은 베트남에서 즉시 물러나라!"
"전쟁은 아무것도 바꿀 수 없다. 우리는 평화를 원한다."

이 시기 일본에서도 격렬한 학생 운동이 일어났어. 대학이 학생들의 의견을 무시하고 억압적으로 학교를 운영하자 일본 각 대학의 학생들은 학생 운동 단체를 만들어 대학에 맞섰지. 학생들은 울타리를 쳐 학교를 막고 수업을 거부하면서 자신들의 요구를 들어달라고 싸웠어.

새로운 세대가 만든 전 세계적인 **저항 운동**으로 세계는 흔들리기 시작했어. 베트남 전쟁에 대한 격렬한 반대로 미국은 위기를 맞았고 소련의 공산주의도 공격받기 시작했지. 미국과 소련 중심의 세계에 변화의 바람이 불고 있었어.

 **낱말 체크**

★ **반전 시위** 전쟁에 반대하는 주장을 밝히고자 공개적으로 행동함.

 68 운동의 구호

68 운동에 참여한 젊은이들은 '금지하는 모든 것을 금지한다.'라는 구호를 외치며 시위를 벌였어. 세상의 모든 금지와 차별에 맞서 싸우겠다는 선언이었지.

시위에 나선 시민들

▶ **무릎을 꿇은 독일 총리**

68 운동에 참여한 독일의 젊은이들은 나치 출신이 총리가 되고 있는 독일 정치를 비판하면서 나치 범죄를 철저히 처벌할 것을 요구했어. 68 운동 이후 총리에 오른 빌리 브란트는 이 주장을 받아들여 나치 독일의 과거를 반성하는 노력을 해 나갔지. 1970년 폴란드의 유대인 추모비를 방문한 빌리 브란트는 묵념을 하다가 갑자기 바닥에 무릎을 꿇었어. 나치 독일에게 희생된 폴란드 유대인들에게 무릎 꿇고 진심으로 용서를 구한 거지. 세계 언론은 "무릎을 꿇은 것은 한 사람이었지만 일어선 것은 독일 전체였다."라며 빌리 브란트의 행동을 칭찬했어.

쏙쏙 퀴즈 맞으면 O, 틀리면 X

1 68 운동은 프랑스에서만 일어났다. ☐

2 베트남 전쟁에 반대하는 시위가 전 세계 곳곳에서 일어났다. ☐

1969~1972년

184 화해의 바람이 세계를 녹이다

#닉슨 독트린
#핑퐁 외교
#화해의 시대
#싸워봤자망하는건우리모두

전 세계에서 베트남 전쟁 반대 시위가 일어나면서 미국은 곤란에 빠졌어. 전쟁에 많은 돈을 쏟아부었기에 경제도 힘들어졌지. 1969년 미국의 새 대통령이 된 **닉슨**은 베트남에서 군대를 철수하겠다고 발표했어. 그리고 세계를 변화시킬 놀라운 선언을 했지.

"미국은 베트남 등 아시아 문제에 끼어들지 않겠습니다."

이 발표를 '**닉슨 독트린**'이라고 불러. 이제 미국은 자본주의냐 공산주의냐의 문제로 다른 나라의 일에 끼어들기보다는 미국에 더 이익이 되는 쪽으로 움직이기로 했어. 소련과 의미 없는 경쟁을 하지 않기로 한 거야.

한편 중국은 같은 사회주의 국가인 소련과 사이가 멀어졌어. 중국은 소련이 사회주의에서 벗어났다고 *비판하면서 소련의 도움 없이

사회주의 국가를 발전시키겠다고 선언했지. 중국과 소련의 군인들이 국경 지역에서 충돌하는 사건이 일어나면서 두 나라의 대립은 더 심해졌어. 위협을 느낀 중국은 미국과 손을 잡아 소련을 압박하려 했지.

사실 6·25 전쟁에서 중국이 북한을 도와주면서 미국과 중국은 오랫동안 서로를 적으로 생각해 왔어. 미국은 중국을 국가로 인정하지도 않았지. 그랬던 미국과 중국이 긴장을 풀고 서로를 친구로 생각하기 시작한 거야.

"미국 탁구 대표팀을 중국에 ★초청하고 싶습니다."

1971년 중국은 베이징에 미국 탁구 선수들을 초청해 탁구 경기를 했어. 좋아하는 스포츠를 함께하며 얼어 있던 두 나라의 관계를 풀고자 한 거지. 사람들은 이를 **핑퐁(탁구) 외교**라고 불렀어. 1년 후에는 닉슨 대통령이 직접 중국을 방문해 마오쩌둥 주석을 만났어. 화해의 상징으로 중국은 미국에 판다 한 쌍을, 미국은 중국에 사향소 한 쌍을 선물했지. 그리고 몇 년 후, 미국과 중국은 정식으로 외교 관계를 맺었어. 이제 세계는 20년 동안 이어져 온 냉전의 긴장을 풀고 **화해의 시대**로 접어든 거야.

"미국과 소련이 함께 핵무기를 줄여 나갑시다."

미국 닉슨 대통령은 1972년 소련을 방문해 핵무기 경쟁을 멈추고 함께 전쟁 위험을 줄여 나가기로 약속하기도 했어. 세계는 점차 평화를 향해 가고 있었지.

낱말 체크

★ **비판** 옳고 그름을 판단하여 밝히거나 잘못된 점을 지적함.

★ **초청** 사람을 청하여 부름.

미-소를 위협하는 새로운 세력

이 시기 프랑스는 나토를 탈퇴하고 핵무기를 개발해 미국과 다른 길을 걷기 시작했어. 일본과 서독이 새로운 경제 대국으로 발전하면서 미국의 자리를 넘보기도 했지. 제3 세계 나라들도 무섭게 성장하고 있었고, 유럽은 자기들만의 경제 공동체를 만들어 미국과 소련을 견제했어. 이렇게 새로운 세력들이 등장하면서 냉전을 이끌었던 미국과 소련의 영향력은 점점 약해져 갔어.

▶ 닉슨의 워터게이트 사건 ▼

1972년 워싱턴의 워터게이트 빌딩에 있는 민주당 선거 사무실에 몰래 도청 장치를 설치하려던 사람들이 체포되었어. 처음에는 단순 강도 사건으로 여겨졌지만, 이 뒤에 닉슨과 백악관이 있다는 의혹이 나왔지. 미국은 대통령을 두 번까지 할 수 있는 나라야. 닉슨이 재선하기 위해 라이벌인 민주당 사무실에 도청 장치를 설치하려 한 거지. 녹음 파일이 공개되면서 의혹은 사실로 밝혀졌어. 탄핵될 위기에 처한 닉슨은 스스로 대통령 자리에서 물러났지. 닉슨은 미국 역사상 최초로 임기 중에 물러난 대통령이 되었어.

리처드 닉슨 대통령

쏙쏙 퀴즈 맞는 것 고르기

1 미국은 더 이상 이념 싸움에 개입하지 않겠다는 (닉슨/트루먼) 독트린을 발표했다.

2 미국과 중국은 탁구 경기를 통해 (퐁당/핑퐁) 외교를 했다.

1985~1991년

185 소련, 개혁과 개방을 추진하다

#페레스트로이카
#글라스노스트
#몰타 회담
#새로운소련탄생!

소련의 사회주의 계획 경제는 소련 경제를 어렵게 만들었어. 일한 만큼의 대가를 받지 못한 국민들은 일할 *의욕을 잃었고 생활에 필요한 물건들도 제대로 만들어지지 않았지. 경제 발전에 필요한 기술 개발도 이루어지지 않았어. 게다가 냉전 속에서 미국과의 경쟁에 많은 돈을 쏟아부으면서 소련 경제는 더 큰 위기에 빠졌어. 이런 상황에서도 소련 공산당은 독재 정치로 비리를 저지르며 자기 배만 불리고 있었지.

그러던 1985년, 소련에서 공산당 서기장으로 선출된 **고르바초프**가 권력을 잡았어. 그는 무너져 가는 소련 경제를 살리기 위해서는 과감한 개혁이 필요하다고 생각했어.

"미국과의 경쟁 대신, 우리 소련 경제를 살리기 위한 개혁과 개방이 필요해."

고르바초프는 소련의 개혁을 위해 '페레스트로이카'와 '글라스노스트'라는 두 가지 정책을 내놓았어. '페레스트로이카'는 '개혁'이라는 뜻의 러시아어로, 경제, 사회 등 모든 부분에서의 개혁을 말해. 정부의 간섭을 줄이고 자본주의 경제의 장점을 받아들여 정부가 갖고 있던 은행과 회사들을 개인도 가질 수 있게 했지.

'글라스노스트'는 '개방'이라는 뜻이야. 국민들에게 정부의 정보를 공개하고 언론의 *통제를 풀어 누구나 자유롭게 자신의 생각을 표현할 수 있게 한 정책이었어. 고르바초프의 개혁 개방 정책으로 소련은 공산당의 힘을 줄이고 조금씩 민주화되어 갔지.

이와 함께 고르바초프는 헝가리, 폴란드 등 동유럽 공산주의 국가들의 정치에 더 이상 간섭하지 않겠다고 선언했어. 중국과도 회담을 열어 그동안의 갈등을 풀고 좋은 관계를 만들기 위해 노력했지. 그리고 1989년 고르바초프는 미국의 조지 부시 대통령과 지중해의 몰타섬에서 만났어.

"미국과 소련은 이제 더는 서로를 적으로 여기지 않겠습니다."

"이제 냉전을 끝내고 함께 평화의 새 시대를 열어 갑시다."

미국과 소련의 대표가 만나 손을 맞잡은 몰타 회담 소식은 텔레비전과 라디오를 통해 전 세계로 전해졌어. 세계인들은 그동안 모두를 긴장시켰던 냉전이 끝났음을 확인할 수 있었지.

★ 의욕 무엇을 하고자 하는 적극적인 마음이나 욕망.

★ 통제 일정한 방침이나 목적에 따라 행위를 제한함.

아프가니스탄 전쟁

1979년 아프가니스탄에서 일어난 반란을 막기 위해 소련이 아프가니스탄에 군대를 보내자 미국은 무기를 보내 반란군을 도와주었어. 미국과 소련의 무기 경쟁이 다시 한번 시작된 거야. 이 전쟁은 9년이나 계속됐고, 소련은 아프가니스탄에서 아무것도 얻지 못하고 경제만 어려워졌어. 권력을 잡은 고르바초프는 아프가니스탄에서 군대를 철수하고 미국과의 경쟁을 멈췄지.

▶ 체르노빌 원자력 발전소 폭발 사건

1986년 소련에 속해 있었던 우크라이나의 체르노빌 원자력 발전소의 원자로가 폭발하는 사고가 일어났어. 히로시마에 투하된 원자 폭탄의 400배에 달하는 엄청난 방사능이 퍼진 인류 역사상 최악의 원자력 사고였지. 방사능에 노출된 사람들은 죽거나 암에 걸렸고 피해는 주변 나라에까지 미쳤어. 그러나 당시 소련 정부는 사건의 진실을 숨기기에 바빴고 이를 지켜본 고르바초프는 소련을 변화시키기 위한 개혁 개방 정책에 본격적으로 나섰지. 또한 사고 해결을 위해 쓴 많은 돈은 이후 소련이 해체되는 원인 중의 하나가 되었어.

폐허가 된 체르노빌 원자력 발전소

 맞는 것 고르기

1 고르바초프는 개혁과 (개방/봉쇄) 정책을 택했다.

2 (몰타/얄타) 회담 이후 냉전이 끝이 났다.

1989~1991년

186 독일이 통일되고 소련이 해체되다

#동유럽 사회주의 붕괴
#베를린 장벽 붕괴
#소련 해체
#점차무너져가는사회주의

고르바초프가 동유럽 공산주의 국가들의 정치에 간섭하지 않겠다고 선언하자 **동유럽** 시민들은 환호하며 그동안 쌓인 불만을 쏟아 냈어.

"독재자는 물러가라! 우리에게 자유를 달라!"

1989년 헝가리를 시작으로 폴란드, 체코슬로바키아 등 동유럽의 여러 나라들에서 **민주화 운동**이 폭발적으로 일어났어. 이들은 공산주의를 상징하는 레닌과 스탈린의 동상을 끌어 내리면서 민주주의 정부를 만들자고 외쳤지. 결국 동유럽 대부분 나라에서 사회주의 정부가 무너지고 새 정부가 세워졌어. 새 정부는 자본주의를 받아들였지.

동독에서도 민주주의를 요구하는 함성이 울려 퍼졌어. 특히 동독 사람들이 서독으로 자유롭게 여행할 수 있게 해 달라고 시위를 벌였

지. 그러나 정부가 그 요구를 들어주지 않자 동독 사람들은 국경을 넘어 서독으로 탈출하기 시작했어. 결국 동독 정부는 자유로운 서독 여행을 허락했지. 이 발표를 들은 많은 동독 사람들이 **베를린 장벽**으로 몰려갔고 장벽 위에 올라가 소리치며 노래를 불렀어.

"동독과 서독을 갈라놓았던 베를린 장벽을 아예 부숴 버립시다!"

누군가의 제안에 동독 사람들은 망치를 들고 와 베를린 장벽을 무너뜨리기 시작했어. 반대편의 서독 사람들도 함께했지. 장벽이 무너지자 동독과 서독 사람들은 모두 얼싸안고 환호했어. 경찰과 군인들도 이들을 막지 못했지. 마침내 동독 정부가 무너지면서 1990년에 동독과 서독은 **하나의 독일**로 통일되었어.

"소련을 해체하겠습니다."

1991년 고르바초프를 대신해 권력을 잡은 **옐친**은 70년 동안 이어져 온 **소련의 해체**를 발표했어. 소련을 이루고 있던 에스토니아, 라트비아, 우크라이나 등 여러 나라의 독립 선언을 막지 못한 소련 정부가 결국 소련을 해체하기로 결정한 거지. 소련을 이루던 15개 나라는 모두 독립했고. 이 중 러시아를 중심으로 11개 나라가 다시 모여 국가 연합체인 '**독립 국가 연합(CIS)**'을 만들었어. 공산주의의 대표로서 냉전의 한쪽을 담당하던 소련은 이렇게 역사 속으로 사라지게 되었어.

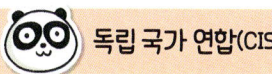

독립 국가 연합(CIS)

소련 연방국 중 에스토니아, 라트비아, 리투아니아, 조지아는 가입하지 않았어. 조지아는 이후 재가입했다가 러시아와의 전쟁 후 탈퇴했고, 우크라이나도 2018년에 탈퇴를 선언했지. 각자 주권을 가진 독립국들의 느슨한 연합이라고 생각하면 돼.

러시아와 독립 국가 연합

▶ 서독의 동방 정책 ▼

독일은 통일을 위해 꾸준히 노력해 왔어. 서독의 총리 빌리 브란트는 동독과 서독 사이의 긴장을 풀고 화해하기 위한 동방 정책을 펼쳤지. 1969년 동독을 방문해 대화를 시작했고 그동안 적으로 생각해 온 동유럽의 사회주의 국가들과도 외교 관계를 맺었어. 폴란드를 방문해 나치 독일이 폴란드에 저지른 범죄에 용서를 구하기도 했지. 빌리 브란트가 동독과 동유럽을 향해 보여 준 화해의 정신은 이후 독일 통일의 밑거름이 되었어.

동독을 방문한 빌리 브란트

쏙쏙 퀴즈 — 맞으면 O, 틀리면 X

1. 동독은 무력으로 서독을 강제로 통일했다.

2. 1991년 옐친이 소련의 해체를 발표했다.

역사 탐험 보고서

전후 세계 질서와 냉전

전쟁이 만든 아픔과 회복

제2차 세계 대전 중, 나치의 홀로코스트나 일본의 난징 대학살과 같은 민간인 대량 학살이 일어났어. 무차별 폭격으로 많은 사람들이 목숨을 잃기도 했지. 젊은이들은 강제 노동에 시달렸고, 여성들은 일본군 '위안부'로 끌려갔어. 전쟁 이후 이런 전쟁 범죄를 처벌하기 위한 국제 전범 재판이 열렸어. 또한 전쟁을 막고 세계의 평화를 지키기 위한 국제기구인 국제 연합(UN)이 탄생했지.

새로운 나라들의 독립과 탄생

제2차 세계 대전이 끝난 후, 베트남, 인도네시아, 알제리, 이집트 등 아시아와 아프리카의 많은 나라들이 독립을 이루었어. 영국의 지배에서 벗어난 인도는 힌두교와 이슬람교의 갈등 때문에 인도와 파키스탄으로 나뉘어 독립하게 되었지. 팔레스타인 지역에서는 유대인들이 돌아와 이스라엘을 세우면서 원래 팔레스타인 땅에 살던 아랍인들과의 갈등이 깊어졌어.

냉전 체제의 시작과 영향

전후 세계는 미국 중심의 자본주의 세계와 소련 중심의 공산주의 세계가 대립하는 냉전에 들어갔어. 아시아에서는 냉전이 전쟁으로 이어지기도 했지. 중국에서는 공산당이 국공 내전에서 승리하며 중화 인민 공화국을 세웠어. 한반도의 6·25 전쟁과 베트남의 베트남 전쟁도 일어났지. 미국과 소련은 우주 개발을 두고 치열한 경쟁을 벌였고, 쿠바 미사일 위기로 핵전쟁 직전의 위기까지 치닫기도 했어.

제3 세계의 등장과 냉전의 해체

비동맹 중립을 내세우는 제3 세계가 등장하면서 냉전은 조금씩 흔들리기 시작했어. 미국은 닉슨 독트린을 발표하고 중국과 핑퐁 외교로 화해와 평화의 분위기가 깊어졌지. 68 운동을 시작으로 세계의 젊은이들도 자유와 평화를 외쳤어. 중국과 소련은 개혁 개방 정책을 펼쳐 자본주의 경제의 장점들을 점차 받아들여 나갔어. 결국 동유럽의 사회주의 정부가 무너지고 소련이 해체되면서 냉전 시대는 막을 내렸어. 베를린 장벽이 무너지면서 독일도 통일되었지.

알맞은 단어를 찾아보자!

아래 쪽지를 읽고, 빈칸에 들어갈 알맞은 단어를 다음 문자 판에서 찾아보자!

① 나치 독일이 벌인 유대인 대학살을 ○○○○○○라고 한다.
② 전쟁 이후 뉘른베르크와 도쿄에서 ○○ ○○이 열렸다.
③ 1945년, 대서양 헌장 원칙에 따라 ○○ ○○(UN)이 만들어졌다.
④ 미국과 소련 중심의 두 진영이 대립했던 시기를 '○○'이라고 한다.
⑤ 미국은 ○○○ 프로젝트를 통해 달에 사람을 보냈다.
⑥ 미국과 소련 어느 쪽과도 동맹을 맺지 않은 비동맹 나라들을 ○○ ○○라고 한다.

닉	홀	개	달	아	폴	로	민
슨	로	혁	한	국	전	쟁	주
독	코	핑	국	홍	위	병	화
트	스	퐁	제	3	세	계	운
린	트	외	연	케	통	미	동
인	연	교	합	네	킹	사	독
권	대	냉	핵	디	만	일	립
식	민	전	범	재	판	학	대

오, 정답을 잘 찾아냈군!
자, 약속한 간식이다!

정답 197쪽

도전! 세계사 퀴즈왕

좀 더 어려운 과제에 도전해 볼까?

01 그림속의 인권 유린을 저지른 나라가 저지른 또다른 전쟁 범죄를 모두 골라 보자.

168~170쪽지

○○은 제2차 세계 대전 중에 한국과 중국 등 식민지의 젊은이들을 군인이나 노동자로 강제로 끌고 가 탄광이나 건설 공사장에서 위험하고 힘든 일을 시켰다.

㉠ 홀로코스트　　㉡ 카틴 숲 학살　　㉢ 731 부대 생체 실험
㉣ 난징 대학살　　㉤ 군인 '위안부'　　㉥ 런던 폭격

(　　　　　　　　　　)

02 다음에서 설명하는 국제 기구의 이름은?

171쪽지

여기는 이 국제 기구의 총회의장이야. 전 세계의 193개 회원국들이 모여서 세계의 중요한 일을 논의하는 곳이지.
이 기구는 제2차 세계 대전이 끝나고 대서양 헌장의 원칙에 따라 만들어졌어. 세계의 평화와 안전을 지키고 나라 간 우정을 쌓으며 분쟁을 평화적으로 해결해 다시는 잔혹한 전쟁이 반복되지 않도록 하기 위해 설립되었지.

① 국제 연맹　　　　　　② 국제 깐부 동맹
③ 국제 연합　　　　　　④ 국제 연방

03 제2차 세계 대전 이후 독립한 각 나라와 그 나라의 사정을 바르게 연결해 보자.

① 베트남 •　　• ㉠ 종교 갈등으로 파키스탄과 분리
② 인도 •　　• ㉡ 제2차 국공 내전 이후 중화 인민 공화국 수립
③ 팔레스타인 •　　• ㉢ 유대인의 이스라엘 건국 후 아랍인들과의 갈등
④ 중국 •　　• ㉣ 호찌민의 공화국 건국과 프랑스와의 전쟁

04 스트로베리가 아래의 주제로 사진전을 열려고 하고 있어. 제4부의 사진으로 적절하지 <u>않은</u> 것은?

베를린 장벽의 붕괴

주제: 전후 세계 질서와 냉전

제1부 전쟁이 만든 아픔과 회복
제2부 새로운 나라들의 독립과 탄생
제3부 냉전 체제의 시작과 영향
제4부 제3 세계의 등장과 냉전의 해체

① 인도네시아의 반둥에서 아시아와 아프리카 29개 나라 대표들이 모여 회의하는 장면
② 중국의 베이징에서 미국과 중국 선수들이 탁구 경기를 펼치는 장면
③ 미국과 서유럽 국가들이 '북대서양 조약 기구'라는 군사 동맹을 결성하는 장면
④ 러시아 대통령 옐친이 소련의 해체를 선언하는 장면.

4 냉전을 넘어 새로운 시대로

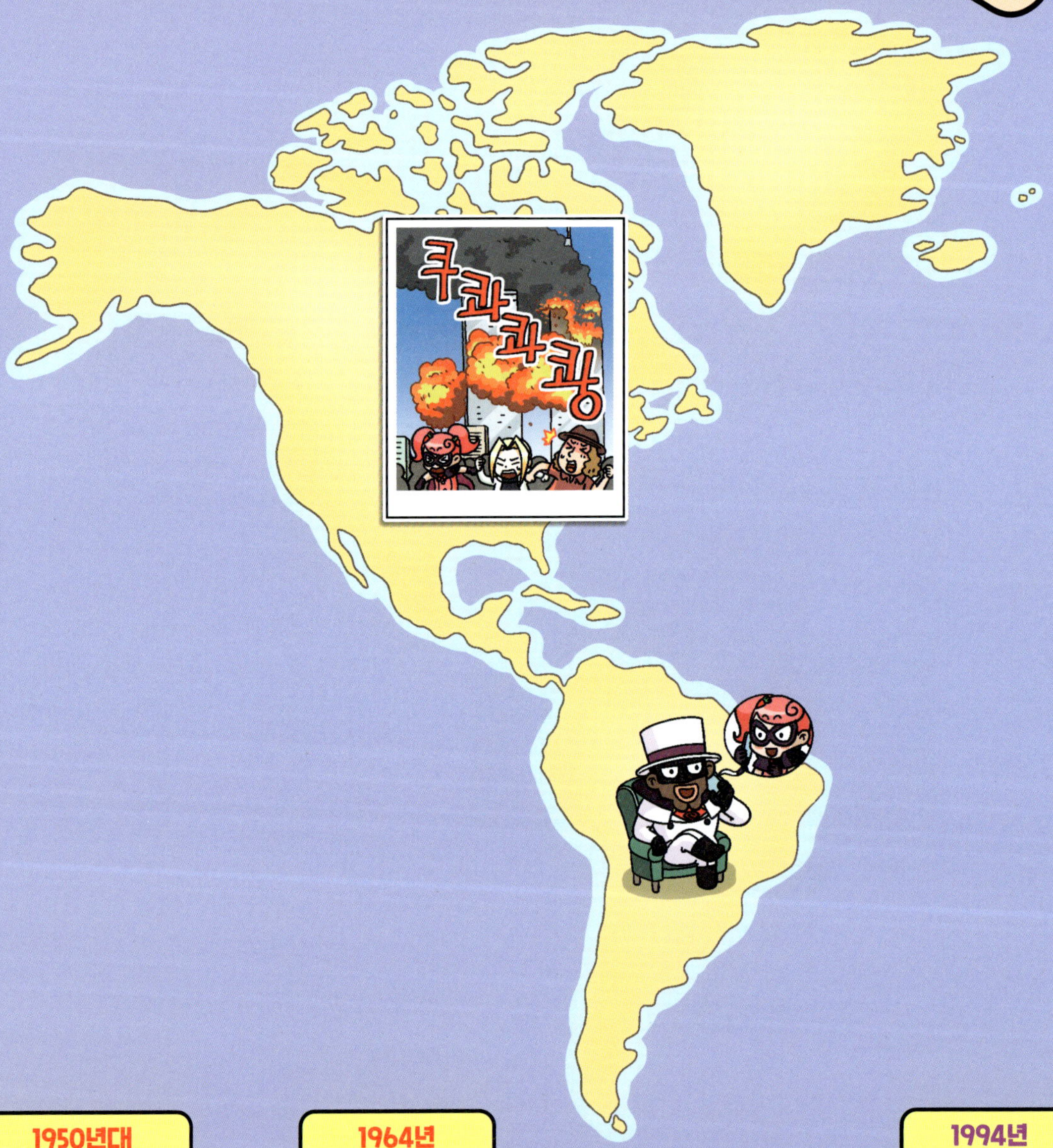

세계사 ON

1950년대
대중문화가 등장하고, 난민 협약이 체결되다

1964년
미국에서 민권법이 제정되다

1994년
아파르트헤이트가 폐지되다

한국사 ON

1953년
정전 협정을 체결하다

1977년
수출 100억 달러를 달성하다

1991년
남한과 북한이 동시에 유엔에 가입하다

1950년대 이후부터 대중문화가 발달하며 사회에서 대중의 역할이 커지고 있어. 낡은 사회 질서를 바꾸기 위해 다양한 인권 운동이 벌어지기도 했지. 신자유주의와 세계화로 세계는 점점 가까워지고 있지만, 테러, 난민, 환경 오염, 감염병, 전쟁 등 인류가 해결해야 할 과제들은 아직 많이 남아 있어. 또한 로봇, 인공 지능 등 새로운 기술이 이끄는 4차 산업 혁명과 온라인 세계에서 SNS의 확산은 우리의 삶을 크게 바꾸고 있지.

1997년 외환 위기가 발생하다

2000년 제1차 남북 정상 회담이 개최되다

2001년 9·11 테러가 일어나다

2005년 호주제가 폐지되다

2019년 봉준호 감독, 〈기생충〉으로 아카데미상을 받다

2020년 코로나 19 팬데믹이 발생하다

2022년 러시아가 우크라이나를 침공하다

1950~1970년대

187 대중문화가 확산하다

#대중 매체 #대중문화
#엘비스 프레슬리 #비틀스
#할리우드 영화
#엘리트에서대중의시대로~

제2차 세계 대전 이후 세계 각 나라의 경제는 빠르게 성장했고, 도시로 사람들이 몰리기 시작했어. 도시 사람들은 높은 수준의 교육을 받으며 점차 비슷한 생활 모습과 생각을 가지게 되었지. 이렇게 비슷한 생활 모습을 가진 많은 사람들을 '**대중**'이라고 불러.

"우리도 나랏일에 우리 목소리를 낼 수 있다고!"

보통 선거가 이뤄지고 민주주의가 발전하면서 대중의 힘은 점점 커졌어. 이제 돈과 권력을 가진 몇몇 *엘리트가 아니라 대중이 사회의 주인공으로 큰 영향력을 갖는 '**대중 사회**'가 만들어진 거야.

텔레비전과 라디오 같은 **대중 매체**가 집집마다 놓이면서 대중의 힘은 더 커졌어. 이제 사람들은 대중 매체를 통해 많은 정보를 빠르고 쉽게 얻을 수 있었고 그 정보를 이용해 자신의 의견을 만들어 나갔지.

또한 사람들은 일하고 남는 여유 시간에 다채로운 문화생활을 누릴 수 있게 되었어. 예전에는 돈과 권력을 가진 소수의 사람만이 오페라나 연극 등의 문화생활을 즐길 수 있었거든. 그러나 이제는 대중 매체에 의해 만들어진 다양한 문화를 누구나 큰 부담 없이 누릴 수 있게 된 거야. 대다수의 사람들이 쉽게 접하고 즐길 수 있는 **대중문화**가 등장한 거지.

"요즘 이런 드라마와 노래가 유행이래."

1950년대 이후 대중문화는 폭발적으로 퍼져 나갔어. 텔레비전과 라디오를 통해 방송되는 각종 드라마와 쇼 프로그램에 사람들은 ★열광했고, 미국 할리우드에서 만든 영화는 전 세계에 상영되며 많은 돈을 벌었지. 미국과 영국의 **팝 음악**이 젊음과 새로움을 보여 주며 큰 인기를 얻기도 했어. 엘비스 프레슬리와 비틀스, 마릴린 먼로와 제임스 딘 같은 세계적인 스타들이 탄생한 것도 이때였어.

물론 대중문화가 발달하면서 여러 가지 문제들도 생겼어. 코카콜라와 할리우드 영화로 대표되는 미국 문화가 대중 매체를 통해 전 세계에 퍼지면서 각 지역의 문화가 ★개성을 잃고 같아지는 현상이 일어났지. 또 돈을 벌기 위해 지나치게 사람들의 흥미만을 쫓는 상업적인 문화가 나타나기도 했어. 그러나 이러한 비판 속에서도 대중문화를 향한 대중의 열광은 멈추지 않았지.

 **낱말 체크**

★ **엘리트** 사회에서 뛰어난 능력이 있다고 인정한 사람.

★ **열광** 너무 기쁘거나 흥분하여 미친 듯이 날뜀.

★ **개성** 다른 사람과 구별되는 고유의 특성.

 **앤디 워홀과 팝 아트**

미국의 화가 앤디 워홀은 유명한 인물이나 일상에서 쉽게 볼 수 있는 스프 캔, 콜라병 등 유명한 상품을 반복적으로 그린 작품을 만들었어. 반복적인 이미지를 통해 서로 똑같아지고 있는 대중문화를 비판한 거야. 이렇게 대중문화 요소를 대량으로 복사해 만드는 예술을 '팝아트'라고 해.

▶ **엘비스 프레슬리와 비틀스** ▼

1950년대 최고의 팝 스타, 엘비스 프레슬리는 로큰롤 음악으로 세계적인 성공을 거두었어. 강렬하고 빠른 비트의 로큰롤을 통해 젊은이들은 억눌렸던 욕망을 뿜어냈어. 영국의 4인조 팝 밴드인 비틀스는 영국 대중음악계를 장악하고 미국에까지 진출해 열광적인 인기를 얻었어. 대중음악 최초로 열성 팬들의 팬덤을 만들기도 했지. 그들은 인종 차별에 반대하고 평화를 외치는 메시지를 전하며 전 세계 젊은이들의 문화에도 큰 영향을 미쳤어.

춤추는 엘비스 프레슬리(1957)

 **쏙쏙 퀴즈** 맞으면 O, 틀리면 X

1 텔레비전과 라디오 등 대중 매체가 보급되면서 대중문화가 확산되었다. ☐

2 대중문화가 전 세계로 퍼지면서 각 지역의 문화는 점점 더 달라지게 되었다. ☐

자유와 평화를 사랑한 히피의 문화

1960년대 미국의 젊은이들은 낡은 제도와 생각에 반대하며 자유와 즐거움을 따라 살고 싶어 했어. 물질만 중요하게 생각하는 세상을 비판하고 인간성을 중시하면서 자연으로 돌아가고자 했던 자유로운 사람들을 미국에서는 '히피'라고 불렀지.

 자유분방한 히피 스타일

길게 기른 머리 ✓
히피들은 어른들의 억압적인 문화에 맞선다는 뜻에서 머리를 길게 길렀어. 짧은 머리를 강요하는 군대를 거부하는 표현이라고도 해.

꽃 ✓
자연에 대한 사랑으로 폭력을 이겨 내자는 뜻에서 꽃을 머리에 꽂아 마음을 표현했어. ★총구에 꽃을 꽂고 평화와 자유를 외치기도 했지.

★ 총구 총알이 나가는 총의 앞쪽 끝부분.

음악 ✓
전쟁 반대와 평화의 메시지를 담은 밥 딜런의 노래 'Blowin in the Wind(바람만이 아는 대답)'를 부르며 잘못 돌아가는 세상에 맞섰어. 비틀스의 젊고 생기발랄한 에너지에도 열광했지. 비틀스의 'All you need is love(당신이 필요한 건 사랑뿐이에요.)'라는 곡을 사랑하며 세계 평화를 노래했어.

청바지나 누더기 같은 옷 ✓
넥타이와 정장 같은 옷차림을 거부하고 청바지로 개성을 표현했어. 인디언처럼 다양한 색깔의 천으로 만든 자유분방한 옷을 만들어 입기도 했지.

동양 문화 ✓
평화를 찾기 위해 인도나 일본으로 여행을 떠나 요가와 불교에 빠져들기도 했어.

이름 문화 ✓
자연으로 돌아가기를 꿈꿨던 히피들은 '리버(강)', '선샤인(햇빛)', '포레스트(숲)' 등 자연을 나타내는 단어나 '프리덤(자유)', '아시아'나 '아메리칸' 등 사람 이름으로 쓰지 않는 단어들로 자기 이름을 지었어.

저항의 음악 축제, 우드스톡 페스티벌

1969년 미국 뉴욕 근처 시골 농장에서 열린 '우드스톡 페스티벌'은 전쟁 반대와 평화의 메시지를 전달하기 위해 열린 음악 축제였어. 수십만 명의 젊은이들이 함께 모여 록 음악으로 자유를 외치고 세상에 대한 저항을 표현했지. 우드스톡 페스티벌은 히피 문화의 최정점을 보여 주었고, 이후 세계적인 록 음악 축제로 발전했어.

▲1969년 우드스톡 근처에서 찍은 사진

찰스 맨슨 사건과 히피의 몰락

히피들의 문화가 절정에 달했던 1967년에 일어난 찰스 맨슨 사건은 미국을 충격과 공포에 빠뜨렸어. 찰스 맨슨은 머리카락과 수염을 길러 자신을 예수처럼 보이게 만들고, 히피 문화의 중요한 가치인 '사랑'을 이용해 자신을 신으로 대하라고 강요했지. 그리고 자신을 따르는 히피족들을 모아 '맨슨 패밀리'라는 집단을 만들었어. 맨슨 패밀리는 찰스 맨슨의 명령에 따라 미국 곳곳에서 끔찍한 살인을 저질렀는데, 피해자 중에는 임신 8개월의 유명 할리우드 여배우도 있어서 미국 사회는 큰 충격을 받았어. 이 사건으로 히피들에 대한 이미지가 크게 나빠졌고, 점차 미국에서 히피들이 사라지게 되었어.

한국의 청년 문화에 영향을 미친 히피

히피 문화는 한국에도 영향을 미쳐 1970년대 대학생들을 중심으로 하는 청년 문화가 나타났어. 머리를 기르고 청바지를 입은 남녀 학생들은 통기타 반주에 포크 송을 부르며 억압적인 사회에 저항했지.

1950~1960년대

188 미국의 흑인들, 인종 차별에 맞서다

#인종 분리법
#로자 파크스
#마틴 루서 킹 #민권 운동
#피부색이아니라인격존중을!

오래전 노예 해방이 이루어졌음에도 불구하고 미국에서는 흑인들에 대한 차별이 계속되었어. 흑인들은 투표권도 없었고, 공공장소에서는 백인과 흑인을 분리하는 법이 만들어져 버스와 식당, 화장실 등이 백인용과 흑인용으로 나누어졌지. 학교도 마찬가지로 분리되었는데, 흑인이 사용하는 시설이 훨씬 낡고 허름했어. 흑인들은 이러한 차별을 없애 자신들이 미국 시민으로서 백인들과 똑같이 ★대우받아야 한다고 생각했어.

그러던 1955년, 앨라배마주 몽고메리시에서 버스를 타고 가던 흑인 여성 **로자 파크스**가 체포되었어. 당시 버스 좌석도 백인용과 흑인용으로 나뉘어 있었는데, 자리가 꽉 차자 버스 운전사가 흑인용 자리에 앉은 로자 파크스에게 자리에서 비키라고 명령했지.

"나는 일어나야 할 이유가 없는데요."

로자 파크스는 끝까지 백인에게 자리를 양보하지 않았어. 결국 출동한 경찰이 인종 분리법을 어겼다는 이유로 로자를 체포했고, 벌금형을 내렸지. 이 소식을 들은 마틴 루서 킹 목사는 ★부당한 차별에 맞서야 한다고 생각했어.

"우리 모두, 차별에 맞서 내일 하루는 버스를 타지 맙시다!"

많은 흑인이 버스를 타지 않고 먼 거리를 걷거나 차를 나눠 타면서 운동에 ★동참했어. '버스 안 타기 운동'은 1년 넘게 계속되었지. 결국 몽고메리시는 인종 분리법을 없애겠다고 발표했어.

이 운동 이후 미국에서는 흑인이 백인과 똑같은 시민권을 얻기 위한 민권 운동이 활발하게 일어났어. 마틴 루서 킹은 폭력을 쓰지 않는 평화적인 방법으로 운동을 이끌어 나갔지. 워싱턴 평화 행진에는 많은 사람들이 모여 인종 차별에 반대하고 흑인의 투표권을 요구하는 평화 시위를 벌였어. 이 행진의 마지막에 마틴 루서 킹은 역사에 남을 유명한 연설을 남겼어.

"나에게는 꿈이 있습니다. 내 아이들이 피부색이 아니라 인격으로 평가받는 나라에 살게 되는 꿈입니다."

양심적인 백인들도 흑인 민권 운동에 함께 참여했어. 모두의 노력으로 1964년 민권법이 통과되었지. 이제 미국에서는 흑인에 대한 차별이 법으로 금지되었고 흑인들도 투표권을 갖게 되었어.

낱말 체크

★ **대우** 어떤 사회적 관계나 태도로 대하는 일.

★ **부당** 이치에 맞지 아니함.

★ **동참하다** 같이 참가하다.

조지 플로이드 사건

2020년 흑인 남성 조지 플로이드가 백인 경찰의 진압에 목이 눌려 사망하는 사건이 일어났어. 이 소식에 경찰의 폭력과 인종 차별을 비판하는 시위가 미국을 넘어 세계 곳곳에서 일어났지. 시위에 모인 사람들은 'Black lives matter.(흑인의 삶도 소중하다.)'라고 외쳤어.

한 방울 원칙(One Drop Rule)

'한 방울 원칙'은 1950년대까지 미국에서 인종을 구별하던 방법이었어. '한 방울이라도 흑인 피가 섞이면 겉모습이 백인이라도 흑인으로 분류한다.'는 거지. 당시 사람들이 흑인의 피를 더럽고 오염된 것이라고 여겼던 것을 알 수 있어. 다행히도 이 원칙은 헌법에 어긋난다는 판결을 받아 지금은 완전히 사라졌어.

그래도 넌 흑인이야!

맞는 것 고르기

1 미국의 로자 파크스는 (성별/인종) 분리법에 맞서 싸웠다.

2 마틴 루서 킹 목사는 (비폭력/폭력)적인 방법으로 민권 운동을 이끌었다.

1940~1990년대 아프리카

189 넬슨 만델라, 자유와 저항의 상징이 되다

#남아프리카공화국
#아파르트헤이트 정책
#넬슨 만델라 #노벨 평화상
#필요한건복수가아니라화해

남아프리카공화국에서는 인구의 10%밖에 되지 않는 백인들이 권력을 잡고 **아파르트헤이트 정책**을 펼쳤어. 아파르트헤이트는 '떼어 놓는다'는 뜻으로, 백인과 흑인을 철저히 나눠 차별하는 정책이야. 흑인들은 백인과 같은 버스나 열차에 탈 수 없었고 정해진 흑인 거주 지역에만 살아야 했지.

"필요한 시설은 다 백인이 사는 도시에 있는데…."

흑인들은 신분증이 없으면 마음대로 돌아다닐 수도 없었어. 신분증에는 피부색이 표시되어 있었지. 게다가 투표권이 없어 선거에도 참여할 수 없었어.

이때 변호사로 일하던 흑인 **넬슨 만델라**가 남아공 정부의 아파르트헤이트에 반대하는 투쟁에 앞장섰어. 그러다 체포되어 ★종신형을 받고 로벤섬의 감옥에 갇혔지.

만델라가 감옥에 있는 동안, 감옥 밖에서 흑인들의 시위는 계속됐어. 정부가 학교에서 백인 언어로만 수업하겠다고 발표하자 분노한 흑인 학생들이 시위를 벌였지. 정부는 이를 잔인하게 진압했고 시위는 더 격렬해졌어.

"더 이상 사람들이 희생되어선 안 돼. 정부와 대화를 해야겠어."

만델라는 정부에 편지를 보내 협상을 시작했어. 흑인들이 원하는 것은 폭력이 아니라 백인과 같은 시민의 권리를 누리는 것이라고 정부를 설득했지. 만델라는 감옥에서도 흑인 차별을 없애기 위해 싸웠고, 여러 나라에 남아공의 현실을 알리는 편지를 보냈어.

만델라의 이런 노력으로 세계는 남아공 문제에 관심을 가지기 시작했어. 여러 나라가 아파르트헤이트를 비난하며 남아공과의 무역을 끊었고, 곳곳에서 만델라를 ★석방하라는 시위를 벌였지. 결국 27년 만에 넬슨 만델라는 자유의 몸으로 감옥에서 풀려났어.

이후 남아공 최초로 백인과 흑인 모두가 참여하는 선거가 치러졌어. 만델라는 이 선거에서 대통령으로 당선되었지. 남아공의 인종 차별을 없앤 공로로 **노벨 평화상**도 받았어.

"백인에게 복수하는 건 또 다른 폭력을 낳습니다. 우리에겐 화해와 용서가 필요해요."

대통령이 된 만델라는 흑인과 백인의 화합을 위해 노력했고, 남아공에서 아파르트헤이트는 사라지게 되었어.

낱말 체크

★ 종신형 죽을 때까지 감옥에 있어야 하는 형벌.

★ 석방 법에 의하여 구속했던 사람을 풀어 자유롭게 하는 일.

로벤섬

넬슨 만델라가 갇혀 있었던 로벤섬의 감옥은 한번 들어가면 살아서 나오기 힘든 감옥이라고 해. 만델라는 한 평도 안 되는 작은 감방에서 오랜 세월을 보냈지. 함께 감옥에 갇힌 흑인 죄수들에게 공부를 가르쳐 주거나 흑인 죄수들의 인권을 위한 단식 투쟁을 벌였다고 해.

감옥 내부

▶ 1981 스프링복스 럭비 투어

남아공의 아파르트헤이트 정책 때문에 남아공의 럭비팀 '스프링복스'에는 백인 선수만 들어갈 수 있었어. 1981년 뉴질랜드에서 스프링복스를 초청해 럭비 경기를 열었는데, 남아공의 인종 차별에 반대하는 뉴질랜드 시위대가 경기장에 들어와 시위를 벌이며 선수들을 공격했지. 선수들에게 밀가루 폭탄을 던지기도 했어. 이후 남아공 럭비팀에 대한 항의와 반대는 국제적으로 퍼졌어. 결국 만델라가 대통령에 당선되며 스프링복스는 흑인 선수와 백인 선수가 섞인 하나의 팀이 되었지.

아파르트헤이트에 반대하는 뉴질랜드 시위대

쏙쏙 퀴즈 맞으면 O, 틀리면 X

1. 아파르트헤이트는 남아공의 인종 차별 정책이다.

2. 넬슨 만델라는 인종 차별을 없앤 공로로 노벨 평화상을 받았다.

1960년대 이후

190 여성들, 페미니즘 운동을 벌이다

#페미니즘 운동
#시몬 드 보부아르
#베티 프리단
#여성과남성은평등!

　제2차 세계 대전 이후 여성들도 교육을 받고 다양한 직업을 갖게 되었어. 끈질긴 노력으로 참정권도 얻어 냈지. 그러나 여성에 대한 차별은 계속되었어. 사람들은 여성들이 집안일과 육아를 온전히 도맡아야 한다고 생각했지. 회사에 다니는 여성들은 남성보다 적은 월급을 받았고 *승진을 하기도 어려웠어. 또 임신이나 출산을 했다는 이유로 일을 그만두는 경우도 많았지.

　여성들은 이런 차별을 문제라 여기기 시작했어. 1960년대 들어 잘못된 사회를 바꾸려는 여러 운동이 일어나자 여성들도 차별에 맞서는 운동을 벌였지. 오래전부터 이어져 온 남성 중심 세상에 맞서 여성의 권리를 되찾자는 운동을 **페미니즘 운동**이라 불러.

　프랑스의 작가인 **시몬 드 보부아르**도 어린 시절 *현모양처가 되는 교육을 받았어. 그러나 책 읽고 글 쓰는 일을 좋아했기에 사회에 나

가 자신의 재능을 펼치고 싶었지. 대학 졸업 후 교수가 된 그녀는 《제2의 성》이라는 책을 써 여성의 권리를 주장했어.

"여성은 여성스럽게 태어나는 것이 아니라 여성으로 만들어지는 것입니다."

시몬 드 보부아르는 여성스러움이 남성 중심의 세상에 길들여진 결과라고 말했어. 이 책을 읽은 여성들은 고정 관념에서 벗어나 스스로 인간으로서의 가치를 찾고자 했지.

미국의 베티 프리단은 우수한 성적으로 대학을 졸업하고 기자로 일했지만 결혼하고 출산하여 일을 그만두었어. 그녀는 자신을 비롯한 많은 여성들이 주부로 살며 행복을 느끼지 못하고 있음을 깨달았지.

"세상은 여성이 아내나 엄마로만 살아야 한다고 강요하고 있어!"

베티 프리단은 《여성의 신비》라는 책으로 이 사실을 폭로했어. 여성이 가정에서 해방되어 스스로 가치를 찾아 사회 활동을 해야 한다고 주장했지. 그녀는 페미니즘 단체를 만들어 차별을 없애는 법과 제도를 만드는 운동도 해 나갔어. 이후 페미니즘 운동은 여러 나라로 퍼져 나갔지.

페미니즘 운동은 여성들이 일상생활에서 경험하는 문제들에도 관심을 가졌어. 여성의 ★피임과 낙태, 미혼모, 가정 폭력 등 그동안 다루지 못했던 일들이 페미니즘 운동을 통해 이야기되었지.

★ **승진** 직위의 등급이나 계급이 오름.

★ **현모양처** 어진 어머니이자 착한 아내.

★ **피임** 임신을 피함.

미인 대회 반대 운동

1968년 미국에서 미인 대회가 열리자 여성들은 미인 대회가 여성을 상품으로 볼 뿐만 아니라 하나의 기준으로 아름다움을 평가한다고 비판했지. 이들은 화장품, 하이힐 등을 쓰레기통에 버리는 퍼포먼스를 하면서 그동안 남성들에게 예쁘게 보이기 위해 자신을 꾸며 왔던 노력에서부터 벗어나겠다고 선언했어.

▶ 세계 여성의 날 ▼

매년 3월 8일은 '세계 여성의 날'이야. 여성의 정치적, 경제적, 사회적 업적을 세계적으로 기념하는 날이지. 1908년 3월 8일, 미국의 여성 노동자들은 열악한 작업장에서 일하다 불에 타 숨진 여성들을 기리는 시위를 벌였어. 이후 여성의 권리를 찾기 위한 운동은 전 세계적으로 퍼졌고, 유엔은 1975년에 3월 8일을 '세계 여성의 날'로 공식 지정했지. 세계 여성의 날에 여성들에게 꽃을 선물하는 전통을 가진 나라도 있어.

1975년, 런던 여성의 날 행진 포스터

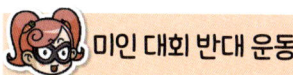

맞으면 O, 틀리면 X

1 페미니즘은 여성에 대한 차별에 맞서 여성의 권리를 되찾기 위한 운동이다. ☐

2 시몬 드 보부아르는 《여성의 신비》라는 책을 쓰고 여성의 권리를 주장했다. ☐

1970년대 이후

191 신자유주의가 등장하다

#신자유주의
#마거릿 대처 #영국병
#레이건 대통령
#경쟁과복지는둘다필요함

제2차 세계 대전 이후 꾸준히 성장하던 세계 경제는 점차 한계에 부딪혔어. 특히 1970년대 두 차례의 **석유 파동**이 일어나 석유 가격이 갑자기 오르자 물가도 따라 오르며 세계는 경제 위기에 빠졌지. 일자리를 잃은 사람들은 물가까지 오르자 살길이 막막해졌어. 그동안의 경제 정책에 무언가 변화가 필요했지.

"정부가 경제에 너무 간섭해서는 안 됩니다. 자유를 주어야 해요."

이때 경제 위기 극복을 위해 새로운 경제 정책이 등장했어. 경제에 다시 자유를 주자는 뜻의 '**신자유주의**' 정책이지.

과거 대공황으로 세계 경제가 위기에 빠졌을 때는 정부가 경제에 적극적으로 끼어들어 일자리를 만들며 경제를 살렸지만, 이제는 그런 방법으로는 경제가 살아나지 않았어. 그래서 등장한 신자유주의

는 정부가 경제에 손대는 것을 줄이고 개인과 회사들의 자유를 늘려 자유롭게 경쟁시켜야 한다고 주장했지.

영국에서는 마거릿 대처가 총리 자리에 올라 신자유주의를 받아들였어. 그 당시 영국은 정부가 나서 경제 문제를 해결하고 있었어. 회사가 어려워지면 세금으로 도와주었고 국민들은 정부가 주는 많은 ★복지 혜택을 누렸지. 사람들은 점차 일할 의욕을 잃고 월급을 올려 달라며 파업만 벌였어. 영국 경제는 혼란에 빠졌지. 이 상황을 '영국병'이라고 부를 정도였어.

"영국병을 치료하려면 신자유주의가 필요합니다."

대처 총리는 복지 혜택을 크게 줄였어. 대신 회사들이 자유롭게 활동하도록 세금을 줄여 주었지. 정부가 운영해 오던 전기 회사, 철도 회사 등을 민간에 넘겨주는 민영화 정책도 펼쳤어. 회사들은 경쟁에서 살아남기 위해 노동자들을 해고해야 했지. 일자리를 잃게 된 탄광 노동자들은 대규모 파업을 벌이며 대처의 정책에 반대했지만, 대처는 이 정책을 강하게 밀어붙였고 영국 경제는 조금씩 살아나기 시작했어.

미국에서는 레이건 대통령이 신자유주의 정책을 펼쳤어. 대처 총리와 마찬가지로 복지를 줄이고 회사의 자유로운 활동을 방해하는 각종 법들을 없애 나갔지. 회사들의 자유로운 경쟁 속에 미국 경제는 살아났지만, 실업자가 늘어나는 등 ★부작용도 나타났어.

낱말 체크

★ **복지** 높은 삶의 질이 보장되는 것.

★ **부작용** 어떤 일에 부수적으로 일어나는 바람직하지 못한 일.

석유 파동

이스라엘과 아랍 국가들 사이에 일어난 중동 전쟁은 미국의 지원을 받은 이스라엘의 승리로 끝났어. 이에 아랍 국가들은 자기 나라에서 생산하는 석유 가격을 올리고 생산량을 확 줄여 미국 등 여러 나라에 복수했지. 이를 1차 석유 파동이라고 불러. 몇 년 후엔 이란에서 2차 석유 파동이 일어났어. 1970년대 일어난 두 차례의 석유 파동은 세계 경제를 위기에 빠뜨렸어.

▶ 철의 여인, 마거릿 대처 ▼

영국 최초의 여성 총리가 된 마거릿 대처는 타협하지 않고 자신이 옳다고 생각하는 바를 밀어붙이는 카리스마 덕분에 '철의 여인'이라는 별명으로도 불려. 대처가 교육부 장관으로 일할 때, 아이들에게 무료로 제공하던 우유 급식 혜택을 과감히 없애 정부 지출을 줄이기도 했지. 많은 이들이 대처를 가난한 아이들에게서 우유를 뺏어간 '우유 도둑'이라며 비판했지만, 대처는 끝까지 뜻을 굽히지 않았어. 신자유주의 정책을 수용했던 그녀를 비판하는 사람도 있지만, 영국병을 열정적으로 치료한 총리로 기억하는 사람들도 많아.

마거릿 대처 총리
(1925~2013)

쏙쏙 퀴즈 맞는 것 고르기

1 신자유주의는 정부가 경제에 최대한 간섭(하는/하지 않는) 정책이다.

2 마거릿 대처는 정부가 운영하던 기업들을 (민영화/국유화)하는 정책을 펼쳤다.

1990년대 이후

192 하나가 되어 가는 세계

#세계화 #WTO
#FTA #다국적 기업
#지역별 경제 협력체
#한층더가까워진세계

'지구촌'이라는 말을 들어본 적 있니? 세계가 하나의 마을처럼 가깝게 연결되었다는 뜻이지. 두 차례의 세계 대전을 거쳐 교통과 ★통신이 크게 발달하면서 세계인의 삶은 변화하기 시작했어. 수천 킬로미터 떨어진 나라들 사이에 사람과 물자가 자유롭게 오고 갔고 지구 반대편에 있는 사람들과도 전화와 이메일로 의사소통을 할 수 있게 되었지. 인터넷, 인공위성과 같은 정보 통신 기술이 발달하면서 세계 곳곳에서 일어나는 일들을 실시간으로 공유할 수 있게 되었어. 이렇게 전 지구가 하나의 공간이 되어가는 현상을 **세계화**라고 해.

당연히 나라 간의 무역도 더욱 자유롭고 활발해졌어. 제2차 세계 대전 이후 자본주의 나라들은 수입한 물건에 매기는 세금인 관세를 낮춰 자유롭게 무역하자는 협정을 맺었어. 그리고 이를 이어받아

1995년에는 **세계 무역 기구(WTO)**를 만들었지.

　WTO는 여러 나라가 함께 지켜야 할 무역 규칙을 만들고 나라 사이에 무역 다툼을 조정하는 역할을 맡아 자유 무역을 이끌어 갔어. 또한 필요한 나라들끼리는 따로 **자유 무역 협정(FTA)**을 맺어 무역을 방해하는 관세 같은 장벽을 없애고 더 활발한 무역을 하자고 약속했지.

　신자유주의와 세계화의 바람 속에서 세계를 무대로 상품을 생산하고 판매하는 **다국적 기업**이 세계 곳곳으로 진출하기도 했어.

　"원료는 이 나라에서 구하고, 공장은 월급이 싼 저 나라에 짓자! 세계 곳곳에 ★지사를 만들어 최대한 많이 팔아야 이익이지!"

　한편 세계화 속에서 나라들 사이의 경쟁이 치열해지자 지역적으로 가까운 나라들끼리 뭉쳐 이익을 추구하는 움직임도 나타났어.

　"가까운 나라들과 힘을 합쳐 경쟁에서 살아남아야 해."

　유럽은 '하나의 유럽'을 목표로 **유럽 연합(EU)**을 만들고 함께 '유로'라는 돈을 사용하기로 했지. 이 외에도 동남아시아 국가 연합(ASEAN), 북미 자유 무역 협정(NAFTA) 등의 지역별 경제 협력체가 만들어졌어. 한국은 아시아와 태평양 지역 나라들이 서로 간의 경제 협력을 위해 만든 **'아시아·태평양 경제 협력체(APEC)'**에 참여하고 있지.

낱말 체크

★통신　소식을 전함.

★지사　본사의 관할 아래 일정한 지역에서 본사의 일을 대신 맡아 하는 곳.

공정 무역

다국적 기업들은 이익을 위해 노동자들에게 정당한 대가를 주지 않기도 해. 그래서 사람들은 노동에 정당한 대가를 내고 함께 발전해 나가자는 공정 무역 운동을 벌였지. 공정 무역으로 만들어진 상품을 사는 것은 생산자와 소비자 모두 행복해질 수 있는 '착한 소비'야.

공정 무역 인증 스티커를 받은 바나나

▶ 세계화가 가져온 문제들 ▼

세계화가 밝은 미래만 가져온 건 아니야. 세계 경쟁에서 뒤처진 나라들은 경제적 어려움을 겪으며 가난과 배고픔 속에 살아야 했지. 세계화가 나라들 사이의 빈부 격차를 크게 만든 거야. 또 세계화로 각 나라의 경제가 다른 나라에 많이 의존하면서 한 나라의 경제 위기가 전 세계에 영향을 미치는 현상도 나타났어. 2008년에 미국에서 시작된 경제 위기가 세계 경제를 주저앉게 만들기도 했지. 또한 문화의 교류와 전파가 활발해지면서 문화 차이에 따른 갈등도 생겨났어. 이러한 문제들 때문에 세계화에 반대하는 운동이 일어나기도 했지.

쏙쏙 퀴즈 맞으면 O, 틀리면 X

1 WTO는 나라 간의 무역 규칙을 만들고 다툼을 조정하는 역할을 맡는 기구이다. ☐

2 아시아·태평양 지역의 경제 협력체의 이름은 NAFTA이다. ☐

2001년 이후

193 상처만 남긴 테러와의 전쟁

#9·11 테러
#테러와의 전쟁
#민간인 희생
#꼬리를무는복수가낳은비극

2001년 9월 11일, ★테러범에게 납치된 비행기가 미국 뉴욕의 세계 무역 센터 빌딩을 두 차례 들이받았어. 불길과 연기가 치솟으며 건물이 무너졌고 3천여 명이 목숨을 잃었지. 같은 날 테러범들은 워싱턴의 국방부 건물도 공격했어. **9·11 테러**라 불리는 이 사건을 ★생중계로 지켜본 미국인들은 분노했고 전 세계는 테러의 공포에 떨었지.

이는 사우디아라비아 출신의 오사마 빈 라덴이 이끄는 알카에다가 벌인 테러였어. 알카에다는 이슬람 극단주의자들의 테러 조직으로, 이슬람 세계에서 영향력을 키워 가는 미국에 반대해 이런 테러를 벌인 것이었어. 9·11 테러가 일어나고 며칠 후 미국의 부시 대통령은 '**테러와의 전쟁**'을 선포했어.

"미국은 이런 사악한 테러를 저지르는 세력들과 전쟁을 시작하겠

습니다!"

미국은 먼저 오사마 빈 라덴을 숨겨 주고 있는 아프가니스탄을 공격했어. 미국의 어마어마한 폭격을 받은 아프가니스탄의 탈레반 정부는 곧 무너졌지만 전쟁은 끝나지 않았지. 미국은 아프가니스탄에 새 정부를 세우겠다며 군사 작전을 계속했고, 그 와중에 이라크까지 공격했어.

"대량 살상 무기를 가진 이라크를 미국이 공격해 막겠습니다."

전 세계가 미국의 지나친 전쟁을 비난했지만 미국은 폭격을 퍼부어 이라크를 점령하고 독재자 후세인을 처형했어. 그러나 대량 살상 무기는 이라크 어느 곳에서도 발견되지 않았지.

그리고 미국은 끈질긴 추적 끝에 2011년 오사마 빈 라덴을 사살했어. 그를 찾아낸 곳은 아프가니스탄이 아닌 파키스탄이었지.

테러와의 전쟁은 무엇을 남겼을까? 미국이 철수한 후 이라크에는 더 큰 혼란이 찾아왔어. 2021년 아프가니스탄은 미군이 20년 만에 철수하면서 다시 **탈레반** 정부의 공포 정치 시절로 돌아가게 되었지. 이렇듯 미국이 벌인 '테러와의 전쟁'은 아무런 성과를 남기지 못하고 끝났어. 오히려 수많은 민간인들의 희생만 남았지.

그리고 테러는 줄어들기는커녕 전 세계로 퍼졌어. 미국에 반대하는 목소리도 더욱 커졌지. 테러와의 전쟁으로 미국이 가진 세계 주도권은 점차 약해졌어.

낱말 체크

★ **테러범** 폭력을 써서 상대편을 위협하거나 공포에 빠뜨리는 사람.

★ **생중계** 현장에서 일어나는 일을 그대로 방송함.

그라운드 제로

9·11 테러가 일어났던 현장은 '폭발이 있었던 땅'을 뜻하는 '그라운드 제로'라고 불러. 지금은 추모 공원이 됐지. 이곳을 찾은 사람들은 테러의 아픔을 기억하고 다시는 이런 재앙이 반복되지 않기를 바라게 되지.

이슬람 혐오 문제

테러가 이어지면서 이슬람에 대한 혐오 문제가 심각해졌어. 그러나 수많은 이슬람교 신자 중에 테러리스트는 아주 소수에 불과해. 대다수의 이슬람교도는 전쟁보다 평화를 원하지.

▶ IS의 등장 ▼

이라크에서는 미국과의 전쟁 후 혼란을 틈타 '이슬람 국가'라는 뜻의 테러 조직, IS(Islam State)가 등장했어. 이후 IS는 세계 곳곳에서 납치, 인질 살해, 자살 폭탄 공격 등 무시무시한 테러를 벌여 세계를 공포로 몰아넣었지. 이들은 SNS를 활용해 이슬람뿐 아니라 유럽과 아시아의 젊은이들까지 끌어들였어. 2015년 IS는 프랑스가 이라크와 시리아를 폭격한 것에 대한 보복으로 프랑스 파리의 여러 곳에서 동시에 총기 난사와 인질극, 폭탄 테러를 벌이기도 했어.

이라크 IS의 깃발

쏙쏙 퀴즈 맞으면 O, 틀리면 X

1 오사마 빈 라덴이 이끄는 알카에다라는 단체가 9·11 테러를 저질렀다.

2 미국의 이라크 침공 이후 이라크의 정세는 안정되었다.

1950년대 이후

194 갈 곳을 잃은 사람들, 난민 문제

#난민
#유엔 난민 기구
#난민 협약
#어쩔수없이터전을잃은사람들

전쟁이나 탄압, 재난 등을 당해 어쩔 수 없이 다른 지역으로 떠나야 하는 사람들을 '난민'이라고 불러. 인류 역사 어느 시대나 난민은 있었지. 그러나 제2차 세계 대전 때 독일이나 동유럽의 많은 사람들이 살던 곳에서 쫓겨나 난민이 되면서 유럽은 난민을 받아들이는 문제로 고민하기 시작했어.

"난민을 보호하고 도와주기 위한 국제기구를 만듭시다."

유엔은 '유엔 난민 기구'를 만들고 1951년, 난민 협약을 발표해 난민의 범위와 난민이 누려야 할 권리를 정했어. 오늘날 대부분의 국가들은 이 협약에 따라 난민 문제를 다루고 있지.

최근에는 아프리카나 서아시아 등에서 종교나 부족 간 분쟁, 전쟁과 테러가 끊임없이 이어지면서 더 많은 난민이 생겨나고 있어. 이스

라엘의 탄압으로 삶의 *터전을 잃은 팔레스타인 난민, 부족 간의 갈등과 학살로 위험에 처한 르완다 난민, 독재 정권과의 내전에서 탈출한 시리아 난민, 그리고 최근 러시아의 *침공으로 인한 우크라이나 난민까지. 난민의 수는 해마다 늘어나 이제 1억 명을 넘어섰다고 해.

난민들은 주변 나라의 **난민촌**으로 모여들었어. 그러나 난민들은 겨우 비바람을 피할 정도의 허름한 천막과 배급되는 식량으로 힘겹게 살아가고 있어서 교육과 의료 서비스는 꿈도 꾸지 못하고 있지. 일부 난민들은 위험을 무릅쓰고 바다를 건너 유럽이나 미국으로 이동하기도 했어. 특히 유럽의 독일은 한동안 난민을 수용하는 데 적극적이었어. 그러나 최근에는 독일을 포함해 여러 국가에서 난민 수용을 둘러싼 갈등이 점점 심해지고 있어.

"난민을 받아들이면 부족한 노동력 문제가 해결되지 않을까?"
"아니! 오히려 우리 일자리를 빼앗길 거야."

이외에도 난민들이 자기들만의 문화를 고집하거나, 난민으로 위장한 테러범이 들어오거나, 원주민과의 또 다른 갈등이 발생하면 어쩌나 하는 고민도 커졌어. 이러한 갈등 속에 국경에서 난민을 막거나 나라 밖으로 추방하는 일도 생기고 있지. 유럽 나라들끼리 난민을 나누어 받는 제도도 추진하고 있지만 반발이 만만치 않아.

낱말 체크

★ 터전 집터가 되는 땅.

★ 침공 다른 나라를 침범하여 공격함.

아일란 쿠르디의 비극

2015년 튀르키예의 한 바닷가에서 엎드려 잠자는 듯한 한 아이가 발견되었어. 이 아이는 시리아 내전을 피해 유럽으로 탈출하려다 배가 뒤집혀 죽은 세 살짜리 시리아 난민, 아일란 쿠르디였지. 이 사건은 세계적으로 큰 파장을 일으켰고 유럽 나라들이 난민을 더 적극적으로 받아들이는 계기가 되었어.

▶ 환경 난민의 등장

앞으로는 기후 변화 때문에 원래 살던 곳을 떠나야 하는 환경 난민이 늘어나게 될 거야. 지구 온난화로 해수면이 높아지면서 조금씩 물속으로 가라앉고 있는 태평양의 섬나라 사람들은 이미 환경 난민이 되었지. 가뭄이나 홍수, 사막화, 대기 오염으로 살던 곳을 잃은 사람들도 많아. 하지만 현재의 난민 협약은 전쟁이나 탄압으로 인한 난민만을 인정하기 때문에 환경 난민은 법적으로 난민 인정을 받지 못하고 있어. 2050년이 되면 10억 명의 환경 난민이 생길 것으로 예상돼.

집이 물에 잠겨서 떠나야 해….

쏙쏙 퀴즈 맞으면 O, 틀리면 X

1. 난민 협약에 따라 난민 문제가 다뤄진다.

2. 난민은 오로지 전쟁으로만 발생한다.

끝나지 않은 갈등

냉전은 끝났지만, 여전히 세계 곳곳에서는 종교, 인종, 부족, 영토 등을 이유로 갈등과 분쟁이 일어나고 있어. 세계 어떤 곳에서 어떤 갈등이 진행되는 중인지 알아보자.

코소보 내전 (1998~1999)

코소보 주민들이 세르비아 사람들의 통치에 불만을 품고 저항하면서 전쟁이 일어났어. 종교가 달랐다는 점도 갈등의 이유였지. 국제 사회의 노력으로 충돌은 끝났지만, 분쟁의 씨앗은 여전히 남아 있어.

유고슬라비아 내전 (1991~2001)

유고슬라비아는 발칸반도의 여섯 나라가 뭉쳐 만들어진 연방 국가였어. 지도자인 티토가 사망하고 사회주의 정부가 무너지면서 여러 나라들이 연방을 나가려 하자 연방의 중심 국가인 세르비아가 이를 막기 위해 '인종 청소'라 불리는 대규모 학살을 저질렀어.

이스라엘-팔레스타인 분쟁

팔레스타인 땅에 유대인의 국가, 이스라엘이 세워진 후 삶의 터전을 잃은 팔레스타인의 아랍인들은 이스라엘을 공격했어. 이후 서로에 대한 계속된 보복으로 전쟁과 테러가 끊이지 않고 있지.

예멘 내전 (2014~)

예멘은 원래 북예멘과 남예멘으로 나뉘어 있었어. 두 나라는 전쟁 끝에 1994년 하나로 통일되었지만, 이후 2014년부터 또다시 내전이 시작되어 지금껏 계속되고 있지. 예멘 내전에는 시아파와 수니파, 알카에다 같은 테러 집단, 사우디아라비아 같은 이웃나라의 개입 등 수많은 세력의 이해관계가 엉켜 있어서 좀처럼 끝이 보이지 않는 상황이야.

카슈미르 분쟁

인도와 파키스탄이 분리 독립될 때, 이슬람교도가 대부분이었던 카슈미르 지역은 강제로 인도 땅에 들어갔어. 이후 인도와 파키스탄은 이 땅을 두고 전쟁을 벌이며 갈등하고 있지.

일본과 중국, 한국의 영토 분쟁

일본이 청일 전쟁 중에 남쪽의 센카쿠 열도를 자기 땅으로 가져간 이후 중국과 일본 사이에 영토와 바다를 둘러싼 갈등이 계속되고 있어. 일본은 독도를 자신의 영토라고 주장하고 있기도 하지. 중국은 남중국해의 산호초 섬인 난사 군도를 두고 동남아시아와도 갈등하고 있어.

9·11 테러 (2001)

2001년 9월 11일, 이슬람 극단주의 세력 알카에다가 항공기를 납치해 뉴욕의 세계 무역 센터에 충돌시켰어. 수천 명의 사람이 목숨을 잃었고, 전 세계가 충격에 빠졌지. 이 사건은 미국이 테러와의 전쟁에 뛰어드는 계기가 되었어.

중국-타이완 갈등

공산당에 패배한 장제스의 국민당 정부는 중국을 떠나 타이완으로 이주했어. 이후 타이완과 중국은 몇 차례나 전쟁의 위기를 겪었지. 중국은 지금도 타이완을 중국 영토의 일부로 간주하고 통일의 기회를 노려. 하지만 미국은 타이완을 보호하면서 중국의 확장 시도를 견제하고 있지.

베네수엘라 정치 위기 (2019~)

2014년 시작된 경제 위기로 인해 독재 정권에 대한 반발이 거세지는 가운데, 2019년에는 대통령이 쫓겨나고 군부의 쿠데타가 이어지는 등 극심한 사회적 혼란이 계속되고 있어. 지금껏 인구 3천만 명 중 무려 550만 명이 넘는 사람들이 나라를 등지고 난민 신세가 되었대.

1950년대 이후

195 우리 모두 나서야 할 환경 문제

#환경 오염 #기후 변화
#지속 가능한 발전
#파리 기후 협정
#지구는괜찮아인간이문제지

태평양의 섬나라 투발루는 지구 온난화로 인한 해수면 상승으로 국토가 바다에 잠길 위기에 처했어. 브라질의 아마존 *밀림은 개발로 인해 파괴되어 동식물의 생활 터전이 사라지고 있지. 태평양의 거대한 쓰레기 섬, 호흡기를 위협하는 초미세 먼지 등 산업 혁명 이후 경제 개발 과정에서 일어난 **환경 문제**가 점점 심각해지고 있어.

1950년대 영국 런던에서 숨을 쉴 수 없을 정도의 최악의 대기 오염인 *스모그가 발생해 만여 명이 죽는 사건이 일어나면서 사람들은 환경 문제에 관심을 가지기 시작했어. 때마침 환경 파괴의 위험을 알리는 보고서도 발표되었지.

"이대로 환경이 파괴된다면 세계 경제는 곧 성장을 멈출 것입니다. 지속 가능한 발전을 해야 해요."

'**지속 가능한 발전**'이란 지구가 버틸 수 있을 만큼 환경을 보호해야 지속적인 경제 발전이 가능하다는 뜻으로, 이후 환경 문제 해결의 목표가 되었어. 그러나 **기후 변화** 같은 환경 문제는 한 국가의 노력으로 해결하기는 어려웠지.

국제 사회는 1992년 브라질 리우에서 기후 변화의 주범인 온실가스를 줄이자는 협약을 맺고 함께 노력하기 시작했어. 이후 나라별로 온실가스 배출량을 정하고 그만큼 줄이지 못하면 다른 나라 회사로부터 **탄소 배출권**을 사도록 하는 제도를 만들었지. 전기차 등 기술 개발로 온실가스를 줄이면 남는 탄소 배출권을 팔아 이익을 얻을 수 있었어.

2015년 **파리 기후 협정**에서는 온실가스를 줄이는 의무를 전 세계로 확대했어. 현재 세계는 탄소를 배출한 만큼 흡수하는 대책을 세워 실질 배출량을 0으로 만드는 **탄소 중립**을 위해 노력하고 있어.

또한 그린피스 같은 비정부 기구는 환경 문제 해결을 위한 시민들의 실천을 호소하고 있지.

"전 세계 사람들이 같은 날, 같은 시각에 함께 전등을 끕시다!"

이런 시민들의 노력이 성과를 거두기도 했어. 최근 유엔은 지구를 둘러싼 오존층이 점차 회복되고 있다고 발표했거든. 1989년 몬트리올 의정서를 통해 오존층 파괴의 범인인 프레온 가스를 줄이기로 약속한 후 모두 함께 노력한 결과인 거지.

낱말 체크

★ 밀림 큰 나무들이 빽빽하게 들어선 깊은 숲.

★ 스모그 공기 속의 오염 물질이 안개처럼 뿌옇게 보이는 것.

탈핵

체르노빌 원전 사고에 이어 2011년 일본에서도 후쿠시마 원전 사고가 일어났어. 엄청난 양의 방사능 물질이 주변을 오염시켰지. 이런 사고들을 보며 일부 나라들은 더 이상 위험한 원자력 발전소를 사용하지 않겠다는 '탈핵'을 선언하기도 했어.

탄소 발자국

탄소 발자국이란 우리가 생활하며 만들어 내는 온실가스, 특히 이산화 탄소의 양을 뜻해. 숫자가 클수록 이산화 탄소 배출량이 많다는 뜻이지. 탄소 발자국을 아예 없애는 것은 어렵지만 줄이는 노력은 얼마든지 가능하지.

▶ 그레타 툰베리 ▼

스웨덴에 사는 15살의 중학생, 그레타 툰베리는 매주 금요일마다 학교에 가는 대신 국회 의사당 앞에서 기후 위기 대책을 요구하는 1인 시위를 벌였어. 이 시위는 전 세계 수백만 명의 학생들이 함께 참여하는 환경 운동으로 커져 나갔지. 미국 뉴욕에서 열린 유엔 기후 행동 정상 회의에 참석한 툰베리는 세계 지도자들이 기후 위기 해결을 위해 적극적으로 행동하지 않는 것을 비판했어. 이 회의에 참석하기 위해 환경을 오염시키는 비행기 대신 태양광 소형 요트를 타고 대서양을 건너 화제가 되었지.

스웨덴 국회 의사당 앞에서 시위하는 그레타 툰베리

쏙쏙 퀴즈 맞는 것 고르기

1 현재 지구 (**온난화**/냉랭화)로 인해 해수면이 상승하고 있다.

2 온실가스를 줄이기 위해 (산소/**탄소**) 배출권 제도가 만들어졌다.

2019년 이후

196 인류, 팬데믹을 경험하다

#코로나19
#펜데믹 #거리 두기
#환경을파괴하면
피해를받는건결국인간

2019년 12월 말 중국에서 시작된 **코로나19**는 몇 달 만에 전 세계 사람들을 감염시켰어. 백신도, 치료제도 없는 상황에서 감염병이 번지자 **세계 보건 기구(WHO)**는 이렇게 선언했지.

"코로나바이러스가 일으킨 첫 번째 팬데믹입니다."

WHO는 감염병의 위험에 따라 ★경보를 여섯 단계로 나누는데, 가장 높은 등급인 6단계는 '감염병이 세계적으로 전파된 상황'으로, 이를 '**팬데믹**'이라고 불러.

세계는 감염병 전파를 막기 위한 **거리 두기**를 시작했어. 사람이 많이 모이는 행사나 모임을 줄이고 외출과 여행을 제한했지. 식당과 카페 같은 시설은 한동안 영업을 멈췄고, 재택근무와 원격 수업이 일상이 되었어.

"거리 두기 때문에 빚만 늘어납니다."

거리 두기 기간이 길어지면서 사람들은 힘들어했어. ★자영업자나 여행, 공연 분야에서 일하는 사람들은 소득이 줄거나 일자리를 잃어 경제적 어려움을 겪었고, 집에만 있다 보니 우울함을 느끼는 사람들도 늘었지. 사회적 약자들의 피해는 더 컸어. 대부분 활동이 온라인으로 이루어지면서 인터넷과 스마트폰에 익숙하지 않은 정보 취약 계층은 적응이 힘들었고, 복지 혜택이 필요한 노인이나 장애인, 저소득층은 제대로 된 도움을 받지 못했어.

팬데믹의 속도는 교통이 발달하고 나라 간 교류가 늘어나면서 점차 빨라지고 있어. 역사상 가장 피해가 컸던 1918년 스페인 독감이 팬데믹이 되는데 6개월, 신종 플루가 감염자 백만 명을 넘어서는 데 1년이 걸린 한편, 코로나19는 3개월 만에 감염자 백만 명을 넘어서는 빠른 전파를 보였지.

이제 감염병은 어느 한 지역만의 문제로 끝날 수 없게 되었고, 팬데믹은 전 세계가 함께 해결해야 할 새로운 사회 문제가 되었어. 이번 코로나19 팬데믹의 경험에서 보듯 백신과 치료제 개발 등에 국제적인 협력이 필요한 이유지.

"코로나로 잃어버렸던 일상을 회복하고 있어요!"

2023년 5월, WHO는 3년 4개월 만에 팬데믹이 끝났음을 선언했어. 힘든 거리 두기를 참아 내며 코로나19와 싸워 이겨 낸 전 세계 사람들은 코로나 이전과 완전히 달라진 세상을 살아가고 있지.

 낱말 체크

★ 경보 위험이 닥쳐올 때 경계하도록 미리 알리는 신호.

★ 자영업자 자신이 직접 사업을 경영하는 사람.

 발생 주기가 짧아지는 감염병

감염병 발생 주기가 점점 짧아지는 이유는 인간의 환경 파괴 때문이라고 해. 환경이 파괴되며 살 곳을 잃은 야생 동물들이 인간과 접촉하면서 바이러스가 전파되는 거지.

인포데믹

인포메이션(정보)과 에피데믹(전염병)이 합쳐진 말이야. 잘못된 정보가 빠르게 퍼져 나가는 현상을 말해. 팬데믹 상황 중에도 10초간 숨 참기로 코로나 진단을 할 수 있다거나, 특정 음식을 먹으면 코로나에 걸리지 않는다는 등 잘못된 정보가 넘쳐 났어.

▶ **빙하 속 고대 바이러스** ▼

알래스카나 시베리아 등 북극 지역의 항상 얼어 있는 땅에는 수만 년 전에 생긴 고대 바이러스가 함께 묻혀 있다고 해. 그런데 지구 온난화로 인해 이 땅이 녹으면 묻혀 있던 바이러스가 살아나 생태계를 위협할 수 있다는 연구 결과가 나왔어. 정체 불명의 고대 바이러스가 새로운 팬데믹을 가져올 가능성이 있는 거지.

바이러스 나가신다! 큭큭!

 **쏙쏙 퀴즈** 맞으면 O, 틀리면 X

1. 팬데믹은 감염병 위험 경보 중 가장 높은 등급을 나타낸다.

2. 코로나19 전파를 막기 위해 거리 두기가 시행되었다.

1980년대 이후

197 대중문화에 새로운 바람이 나타나다

#대중문화
#블록버스터 영화
#케이팝 #OTT #밈
#K팝_아시아를넘어전세계로!

세계화 속에서 대중문화는 한 나라를 넘어 전 세계에서 사랑받기 시작했어. 대중음악에서는 미국의 마이클 잭슨이 인종의 장벽을 무너뜨린 이후 **흑인 음악**이 엄청난 인기를 끌었지. 힙합, R&B 등 다양한 음악이 사람들의 취향을 만족시켰어.

영화계에서는 거대한 자본과 화려한 컴퓨터 그래픽 기술을 이용해 만들어진 *블록버스터 영화가 세계적으로 흥행하면서 많은 돈을 벌어들이기도 했지.

"와, 그 액션 장면 봤어? 영화 규모가 엄청난데?"

미국 할리우드에서 만든 〈쥬라기 공원〉 영화 한 편이 벌어들인 수익이 자동차 회사가 1년 동안 자동차를 수출해 번 수익보다 많았다고 하니, 대중문화 산업은 그야말로 황금알을 낳는 산업이 된 거지. 이후에도 여러 할리우드 인기 영화 시리즈가 전 세계 관객들을 극장으

로 불러들였어.

인터넷이 발달한 2000년대 이후에는 유튜브와 SNS 이용자가 늘어나면서 누구나 자기만의 콘텐츠를 만들어 전 세계 사람들과 공유할 수 있게 되었어. 대중문화의 주제는 다양해졌고 지금까지 주목받지 못했던 다양한 콘텐츠가 세계적 인기를 끌었지.

"우린 BTS 팬클럽, 아미(A.R.M.Y)예요!"

특히 한국 아이돌의 음악이 '케이팝'이라 불리며 트렌드를 이끌었고 전 세계에 팬덤을 만들었어. 케이팝이 유튜브 최다 조회수와 빌보드 차트 정상을 기록하면서 한국 아이돌은 세계적인 아티스트가 되었지. 인터넷을 통해 미디어 콘텐츠를 제공하는 OTT 서비스로 '오징어 게임' 등의 한국 드라마가 세계의 주목을 받기도 했어. 한국 콘텐츠는 인터넷의 발달과 함께 세계의 주목을 받게 된 거야.

또한 새로운 틀의 대중문화도 나타났어. 틱톡처럼 짧은 동영상을 공유하는 플랫폼이 생기면서 젊은 세대들은 노래에 맞춰 춤을 추는 '챌린지'를 통해 새로운 인터넷 놀이 문화를 만들어 갔어. 이런 콘텐츠들은 '밈'이라 불리며 국가와 언어의 경계를 뛰어넘어 온라인상에서 폭발적으로 퍼져 나갔지.

최근에는 버추얼(가상) 아이돌 그룹이 음악 방송에 출연하기도 했어. 끝없는 기술 발달로 앞으로 대중문화에 또 다른 변화가 계속될 거야.

★ **블록버스터** 엄청난 비용을 투자한 거대 규모의 영화나 드라마.

뮤직비디오

뮤직비디오는 음악으로 만든 짧은 영화야. 1980년대 미국의 음악 전문 방송국 MTV는 24시간 뮤직비디오만을 방송하면서 유명해졌어. 뮤직비디오의 등장으로 귀로 듣는 음악을 넘어 눈으로 보는 음악의 시대가 시작되었지. 가수 싸이가 부른 '강남 스타일'의 세계적인 인기도 재미있게 만들어진 뮤직비디오 덕분이라고 할 수 있어.

뮤직비디오 촬영 현장

게임의 발전

게임 역시 대중문화라 할 수 있어. 초기에는 일본의 닌텐도 같은 회사가 만든 가정용 게임기를 이용한 비디오 게임이 유행했지. 하지만 컴퓨터 게임이 등장한 후 인터넷의 발달로 점점 온라인 게임으로 진화하게 되었어. 프로 게이머들이 온라인에서 게임으로 승부를 겨루는 e-스포츠가 발전하면서 게임은 더 당당히 대중문화의 한 자리를 차지하게 되었어.

온라인 게임을 즐기는 게이머

쏙쏙 퀴즈 — 맞는 것 고르기

1 한국 아이돌의 음악을 (케이팝/제이팝)이라고 부른다.

2 인터넷을 통해 미디어 콘텐츠를 제공하는 서비스를 (TOT/OTT)라고 부른다.

2022년~

198 우크라이나 전쟁이 터지다

#우크라이나_나토 가입
#크림반도와 돈바스
#푸틴 #젤렌스키
#몇사람의욕심수백만의고통

2022년 2월 러시아가 **우크라이나**를 침공하며 전쟁이 시작되었어. 제2차 세계 대전 이후 유럽에서 벌어진 최초의 전쟁이었지. 국제 사회의 비난에도 전쟁은 아직 끝나지 않고 있어(2023년 12월 현재).

사실 우크라이나와 러시아는 역사적으로 뿌리가 같아. 9세기에 슬라브인이 세운 키이우 공국에서 시작된 나라들이지. 그러나 13세기 몽골의 침입 이후 두 나라는 오랫동안 각기 다른 나라로 살아왔어. 언어도 달랐지. 그러던 중 19세기에 우크라이나는 러시아의 지배를 받게 되었어.

"우크라이나는 우리 러시아의 일부야."

러시아는 세계적인 ★곡창 지대이자 풍부한 자원을 보유하고 있으며 지중해로 나가는 통로가 되는 우크라이나를 중요하게 생각했어. 그러나 1991년 소련이 해체되며 우크라이나는 독립국이 되었지.

우크라이나는 러시아의 영향에서 벗어나기 위해 미국과 서유럽의 보호를 받는 나토에 가입하려 했어. 하지만 러시아는 한때 같은 나라였던 우크라이나가 미국 편이 되는 게 마음에 들지 않았어.

그래서 러시아의 **푸틴** 대통령은 우크라이나의 **나토 가입**을 막기 위해 끊임없이 경고하며 방해를 일삼았어. 그러나 러시아의 방해에도 우크라이나는 나토 가입을 계속 시도했어.

그러자 러시아는 불법으로 군대를 보내 **크림반도**와 **돈바스** 등 우크라이나 땅을 점령하기 시작했어. 그리고 2022년, 우크라이나와의 전면전을 시작했지. 러시아는 침공과 동시에 발전소를 장악해 우크라이나에 전기를 끊었고 도시 곳곳에 무차별 폭격을 퍼부었어.

"미사일이 거리에 떨어진다. 민간인들의 희생이 이어지고 있다."

이때 우크라이나의 **젤렌스키** 대통령은 끝까지 러시아와 맞서 싸우겠다고 했어. 그리고 국제 사회에 끊임없이 도움을 구하고 있지. 세계 각국은 러시아와의 무역을 끊는 등 경제적인 방법으로 러시아에 경고를 보내고 있어.

오늘도 계속되고 있는 이 전쟁에서 가장 힘든 사람들은 아무 잘못 없이 러시아의 공격을 견뎌 내야 하는 우크라이나 시민들일 거야. 하루빨리 전쟁이 끝나고 우크라이나에 평화가 찾아오길 바라.

 **낱말 체크**

★ **곡창 지대** 쌀, 보리 등 곡식이 많이 나는 지역.

 젤렌스키 대통령

젤렌스키 대통령의 원래 직업은 개그맨이었어. 평범한 역사 선생님이 대통령이 되어 비리와 맞서는 드라마의 주인공을 맡아 큰 인기를 얻었는데, 드라마처럼 정말 대통령에 당선되었지. 러시아의 침공이 시작되자 해외로 피하라는 제안을 거절하고, 대통령으로서 우크라이나 군대와 끝까지 함께하겠다고 밝혔어.

▶ **크림반도와 돈바스** ▼

크림반도는 원래 러시아 땅이었으나 소련 시절 우크라이나 땅이 되었어. 2014년 러시아는 군대를 투입해 크림반도를 차지하고는 옛 땅을 다시 돌려받은 것뿐이라고 말했지. 한편 돈바스 지역은 우크라이나 최대 광공업 지역으로 많은 러시아 사람들이 일자리를 찾아 옮겨 간 곳이야. 러시아는 돈바스에 사는 러시아 사람들을 이용해 돈바스를 우크라이나에서 독립시킨 후 자기 땅으로 만들고자 했지.

쏙쏙 퀴즈 맞으면 O, 틀리면 X

1 우크라이나는 독립 이전에 소련에 속했었다.

2 러시아의 옐친 대통령이 우크라이나 침공을 결정했다.

2000년대 이후

199 새로운 세상을 연다, 4차 산업 혁명

#로봇 #인공 지능
#빅 데이터
#4차 산업 혁명
#미래가어떻게될지는우리몫

인류는 **로봇**과 **인공 지능(AI)** 등 새로운 기술로 지금껏 경험하지 못한 빠른 속도의 변화를 겪고 있어. 한 경제학자는 이러한 급격한 변화를 '**4차 산업 혁명**'이라고 이름 붙였지. 18세기 영국에서 시작된 증기 기관과 기계 발명으로 인한 변화를 1차 산업 혁명, 전기 기술을 이용해 본격화된 대량 생산을 2차 산업 혁명, 컴퓨터와 인터넷이 이끈 3차 산업 혁명을 거쳐 기계가 스스로 판단해 자동으로 움직이는 혁신적인 변화를 4차 산업 혁명이라 부르기로 한 거야.

"와, 인공 지능이 사람을 이기다니…."

2016년 인공 지능 '알파고'가 세계 제일의 *바둑 기사, 이세돌과의 대결에서 승리하는 것을 본 사람들은 새로운 시대가 열렸음을 깨달았어. 현재 뉴스 기사를 쓰거나 환자에게 약을 처방하고, 법률 상담

을 하는 등 많은 분야에서 인공 지능은 인간의 일을 대신하고 있지. 우리가 스마트폰에서 전화 걸기나 검색 등을 부탁하는 '시리'나 '빅스비'도 인공 지능을 활용한 서비스야.

'온라인에서 만들어진 엄청난 양의 정보'를 뜻하는 **빅 데이터**도 4차 산업 혁명을 이끌 기술이야. 빅 데이터는 기계 학습을 거쳐 미래를 예측하는 것은 물론, 창작물을 만드는 데 사용되기도 하지.

로봇도 인류의 삶을 바꾸고 있어. 이미 주변에 흔해진 로봇 청소기나 서빙 로봇뿐 아니라 피를 타고 다니며 몸속 세포를 살리는 나노 로봇, 인간 대신 전쟁터를 누비는 군사 로봇, 노인이나 장애인을 돕는 복지 로봇 등이 개발되고 있지. 인간의 모습을 한 휴머노이드도 등장하고 있어.

그 밖에도 드론을 이용한 배달이나 촬영 기술, 스스로 길을 선택하고 위험을 판단하는 자율 주행차 기술, 인터넷으로 연결된 물건들을 원격으로 조종할 수 있게 해 주는 사물 인터넷 기술 등으로 우리 삶은 더욱 편리해질 거야.

그러나 인간이 로봇에게 일자리를 뺏길 것이라는 염려도 있어. 인공 지능이 편견이나 혐오를 학습해 잘못된 결정을 내릴 수도 있고, 이미지 ★**합성** 기술이 범죄에 이용될 가능성도 있어. 모든 것이 온라인으로 연결되다 보니 해킹과 같은 문제도 생길 수 있지. 그렇지만 이런 놀라운 기술들을 만들어 낸 것이 인간이듯, 이로 인해 생기는 문제들 역시 인간의 지혜로 해결해 나갈 거라 믿어.

낱말 체크

★ **바둑 기사** 바둑을 직업으로 삼아 전문적으로 두는 사람.

★ **합성** 둘 이상의 것을 합쳐서 하나를 이룸.

챗GPT

2022년 미국에서 사람들과 자유자재로 대화할 수 있는 인공 지능, 챗GPT가 개발됐어. 대화창에 질문을 입력하면 챗GPT는 빠르게 답변을 해 줘. 현재 챗GPT는 번역, 작사·작곡, 코딩 등 다양한 분야에서 활용되고 있어.

스마트 시티

스마트 시티는 첨단 정보 통신 기술을 이용해 삶의 질을 높이는 똑똑한 도시야. 도시의 교통, 환경, 복지 서비스 등에 인공 지능과 빅 데이터, 사물 인터넷 기술 등을 적용해 실시간 주차 정보를 제공하거나 사고 위험을 감지하는 등 우리의 삶에 편리함을 더해 주지.

▶ **휴머노이드 소피아** ▼

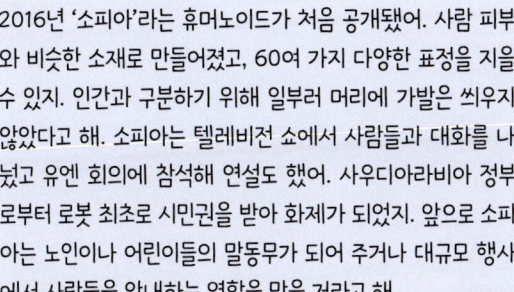

2016년 '소피아'라는 휴머노이드가 처음 공개됐어. 사람 피부와 비슷한 소재로 만들어졌고, 60여 가지 다양한 표정을 지을 수 있지. 인간과 구분하기 위해 일부러 머리에 가발은 씌우지 않았다고 해. 소피아는 텔레비전 쇼에서 사람들과 대화를 나눴고 유엔 회의에 참석해 연설을 했어. 사우디아라비아 정부로부터 로봇 최초로 시민권을 받아 화제가 되었지. 앞으로 소피아는 노인이나 어린이들의 말동무가 되어 주거나 대규모 행사에서 사람들을 안내하는 역할을 맡을 거라고 해.

쏙쏙 퀴즈 맞는 것 고르기

1 로봇과 인공 지능은 (3차/**4차**) 산업 혁명의 대표적 사례이다.

2 (휴머니스트/**휴머노이드**)는 인간의 모습을 한 로봇이다.

2000년대 이후

200 온라인 세상, SNS로 연결되다

#1인 미디어 #SNS
#페이스북 #인스타그램
#X #유튜브 #메타버스
#하루한꼭지세계사좋댓구알!

정보 통신 기술이 발달하면서 사람들은 인터넷 정보를 이용하는 것을 넘어 직접 정보를 만들어 다른 사람들과 공유하기 시작했어. 이를 개인이 만드는 미디어인 '**1인 미디어**'라고 불러. 스마트폰 사용으로 1인 미디어 활동은 더 활발해졌지.

1인 미디어는 블로그에 개인적인 기록이나 생각을 올리는 것에서 출발했어. 블로거가 자유로운 주제로 생각을 글로 남기면, 블로그를 방문한 사람들이 댓글을 남겨 의견을 주고받았지. 이어 트위터(현재 X)와 페이스북, 인스타그램 등의 **SNS** 플랫폼들이 등장하며 비슷한 관심사를 지닌 사람들이 온라인에서 더 ★긴밀하게 연결되었어. 전 세계 다양한 사람들이 서로 '팔로우'를 신청하고 '좋아요'를 클릭해 소통하면서 사회적 ★인맥을 만들어 가는 SNS 시대가 시작된 거야.

글 중심의 1인 미디어는 곧 동영상에 그 자리를 넘겨주었어. 누구나 스마트폰 카메라로 동영상을 만들어 유튜브에 올렸지. 전 세계 사건 사고가 유튜브를 통해 실시간으로 전해졌고, 기존 매체가 다루지 않았던 사건들도 세상에 알려졌어.

최근 코로나19 팬데믹으로 비대면 활동이 늘어나면서 온라인상에 현실 세계와 비슷한 가상의 세계인 메타버스가 만들어졌어. 메타버스는 '넘어서'라는 뜻의 '메타'와 '세계'라는 뜻의 '유니버스'가 합쳐진 말로, 사람들은 각자의 아바타로 메타버스에 들어가 다양한 활동에 참여하지. 메타버스 공간에서 팬 사인회나 콘서트를 열고 가상의 회사를 만들어 상품을 거래하기도 해.

"오늘 SNS에 올라온 소식 봤어?"

"그거, 가짜 뉴스래."

반면 SNS 세상에서는 걸러지지 않은 잘못된 정보가 빨리 퍼질 수 있다는 문제도 있어. 의도적으로 만들어진 가짜 뉴스가 SNS를 통해 순식간에 퍼지며 피해 보는 사람들도 생겼지. 또 SNS에 지나치게 중독되거나 다른 사람의 삶과 비교해 우울함을 느끼는 사람들, 개인 정보 *악용이나 사생활 침해, 사이버 폭력 등의 문제도 발생하고 있어.

그러나 SNS 세상은 피할 수 없는 변화야. 현명하게 사용하며 온라인 세상을 더 안전하고 따뜻한 곳으로 만들기 위해 함께 노력하도록 하자! ^^

낱말 체크

★ **긴밀히** 서로의 관계가 매우 가까워 빈틈이 없이.

★ **인맥** 정계, 재계, 학계 등에서 형성된 사람들의 유대 관계.

★ **악용** 맞지 않거나 나쁘게 씀.

페이스북

하버드 대학생이었던 마크 저커버그는 2004년 하버드 대학의 친목 네트워크를 만들기 위해 '페이스북'이라는 사이트를 오픈했어. 이후 페이스북은 성장을 거듭해 현재는 전 세계 30억 명이 넘는 사람들이 이용하는 SNS가 됐어.

마크 저커버그

▶ 아랍의 봄 ▼

2010년 북아프리카 튀니지에서 격렬한 시위가 일어나 한 달 만에 독재자를 몰아냈어. 이는 SNS를 통해 주변 나라들로 퍼져 나갔지. 이집트와 리비아, 요르단, 바레인, 시리아 등 아랍 나라 곳곳으로 퍼져 나간 이 민주화 시위를 '아랍의 봄'이라고 해. 수많은 사람들이 참여한 시위대는 매우 질서 정연하게 움직였는데, 젊은이들이 페이스북과 트위터(현재 X) 등 SNS를 통해 정보를 공유해 나갔기 때문이었어. 아랍의 봄은 SNS가 가진 힘을 보여 준 사건이었지.

쏙쏙 퀴즈 맞는 것 고르기

1 친구가 SNS에 올린 영상이 마음에 들면 (좋아요/싫어요)를 누르면 된다.

2 현실 세계와 비슷하게 만든 가상의 온라인 세계를 (광역버스/메타버스)라고 한다.

역사 탐험 보고서

냉전을 넘어 새로운 시대로

세상의 차별에 맞서는 운동

대중의 영향력이 커지면서 대중문화가 발달해 많은 사람이 같은 문화를 함께 즐길 수 있게 되었어. 낡은 사회 질서를 비판하고 이를 바꾸기 위한 운동도 일어났지. 미국의 마틴 루서 킹과 남아프리카공화국의 넬슨 만델라는 흑인에 대한 인종 차별에 반대하는 인권 운동을 벌였어. 여성들은 남성 중심의 사회 질서와 여성 차별에 반대하는 페미니즘 운동을 펼쳤지.

신자유주의와 세계화

1970년대 석유 파동으로 세계 경제는 다시 위기에 빠졌어. 영국과 미국에서는 정부의 간섭을 줄이고 개인과 회사가 자유롭게 경쟁하도록 하는 신자유주의 경제 정책을 펼쳐 위기를 극복하고자 했어. WTO와 FTA를 통해 자유 무역이 확대되면서 세계화도 빠르게 진행되었어. 유럽 연합(EU)이나 아시아·태평양 경제 협력체(APEC) 등 가까운 지역끼리 협력해 이익을 추구하는 움직임도 나타났지.

해결해야 할 세계의 과제들

9·11 테러 이후 미국은 테러와의 전쟁을 선포했지만, 테러의 공포는 사라지지 않았어. 종교나 부족 간의 분쟁, 전쟁과 테러로 많은 난민이 발생하면서 국제 문제가 되고 있기도 하지. 기후 위기 등 경제 개발에 따른 환경 문제가 심각해지면서 전 세계가 공동의 노력을 펼치기도 해. 최근에는 교통이 발달하고 교류가 늘어나면서 팬데믹이 자주 나타나 인류의 안전을 위협하고 있지.

새로운 변화의 시작

이제 대중문화는 한 나라를 넘어 전 세계로 퍼져 나가고 있어. 한국의 케이팝과 팬덤 문화 역시 세계인들에게 큰 사랑을 받고 있지. 인공 지능과 로봇, 사물 인터넷, 빅 데이터 등 새로운 기술들은 4차 산업 혁명을 이끌며 우리의 삶을 지금과는 전혀 다르게 변화시키고 있어. 사람들은 온라인 세계에서 SNS를 통해 소통하고 연결되면서 새로운 세상을 열어 가고 있지.

이글루로 돌아가자!

더 추워지기 전에 빨리 이글루 안으로 들어가야만 해. 아래 문제의 정답만 골라서 이동하면 안전하게 도착할 수 있어. 길을 잃지 않고 이글루에 도착하면 약속한 간식을 주지!

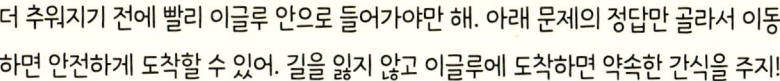

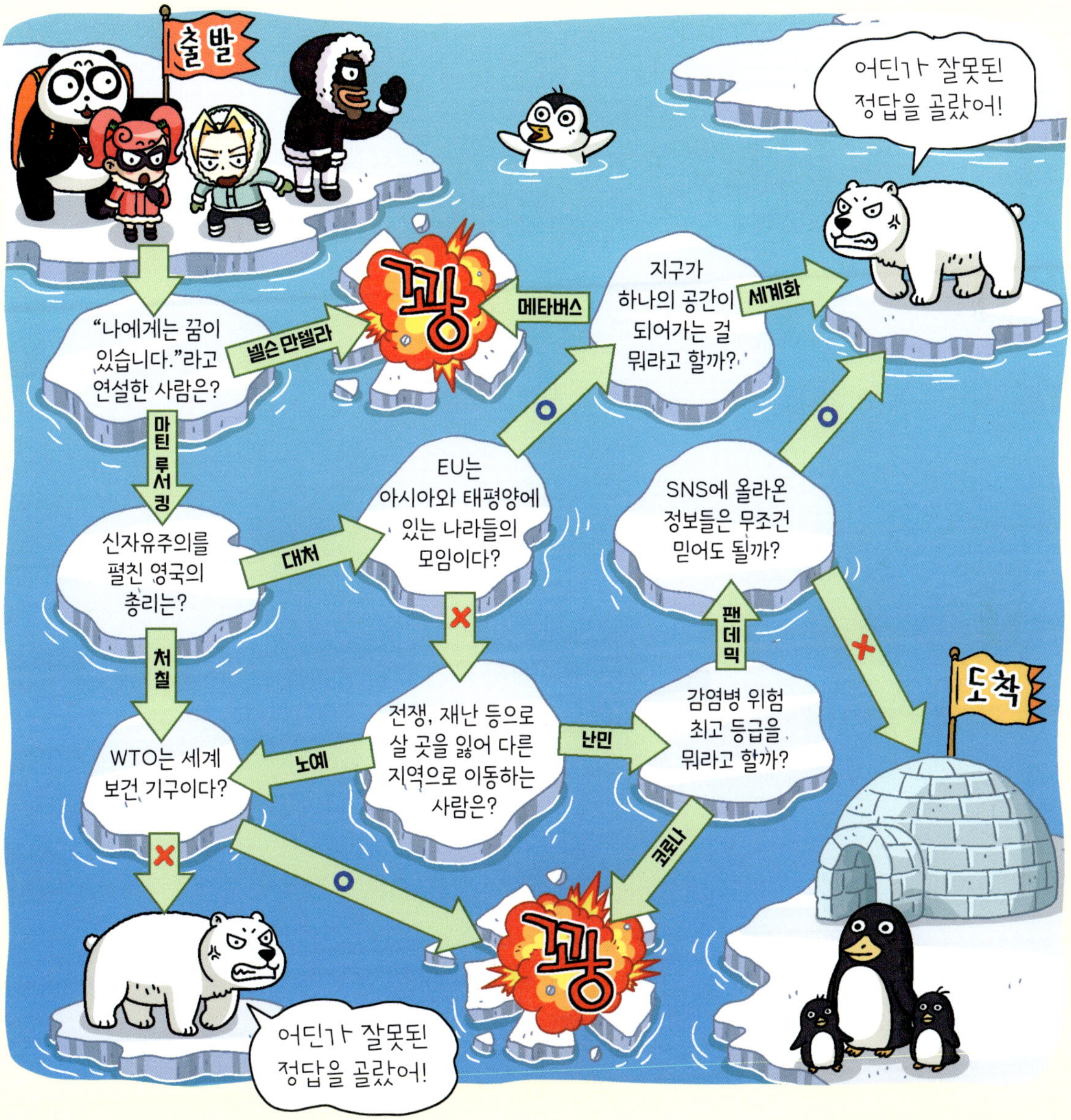

조금만 더 늦었으면 추위로 큰일 날 뻔 했다고!
자, 약속한 간식이다!

정답 197쪽

세계사 퀴즈왕

좀 더 어려운 과제에 도전해 볼까?

01 쿠앤크가 신나서 인기 가요를 부르고 있어. 이처럼 대다수의 사람이 쉽게 접하고 즐길 수 있는 문화를 뜻하는 말은?

187쪽지

① 민중 문화
② 엘리트 문화
③ 대중문화
④ 서민 문화

02 마틴 루서 킹에 대한 설명으로 〈보기〉에서 옳은 것만 고른 것은?

188~190쪽지

보기

㉠ '버스 안 타기 운동'을 주도했다.
㉡ 남아프리카공화국의 대통령이 되었다.
㉢ 《제2의 성》이라는 책을 썼다.
㉣ 미국에서 흑인 민권 운동을 전개하였다.

① ㉠, ㉡　② ㉠, ㉣　③ ㉡, ㉢　④ ㉡, ㉣

03 세계화가 진행되면서 나타나게 된 현상이 <u>아닌</u> 것은?

191~192쪽지

① 나라 간의 무역이 더욱 자유롭고 활발해졌다.
② 세계를 무대로 하는 다국적 기업이 생겨났다.
③ 지역적인 경제 협력체는 점차 줄어들고 있다.
④ 노동에 정당한 대가를 지불하자는 공정 무역 운동이 벌어지고 있다.

04 현대 세계의 문제들에 대한 설명으로 옳지 않은 것은?

① 테러에 대한 보복 전쟁으로 전 세계에 테러가 사라졌다.

② 난민 문제를 해결하기 위해 유엔은 1951년 난민 협약을 발표하였다.

③ 현재 세계는 탄소 중립을 위해 노력하고 있다.

④ 교통이 발달하고 나라 간 교류가 늘어나면서 펜데믹의 속도가 점차 빨라지고 있다.

05 스트로베리가 친구들을 만나고 인스타그램에 사진과 글을 올렸어. 게시물의 태그(#) 중 틀린 내용을 찾아 보자!

strawberry 간식단 친구들과 함께 <변화하는 세계>라는 전시회에 다녀옴.
전 세계에서 인기를 끌고 있는 한국 영화와 음악을 비롯해, 로봇과 인공 지능 등 새로운 기술의 발전, 다양한 SNS의 발달 등 재미있는 주제의 전시들을 보고 있으니 시간 가는 줄 몰랐음.

① #이제 영화는 극장뿐만 아니라 OTT로도 시청
② #숏폼을 보며 같이 춤을 추는 챌린지도 유행
③ #로봇, 인공 지능, 빅 데이터 등 3차 산업 혁명 전개
④ #메타버스라는 가상의 공간에서 팬 사인회 개최

정답 및 해설

1단원

쏙쏙 퀴즈

131. X, O **132.** 인도, 필리핀 **133.** X, X **134.** 탄지마트, 튀르크 **135.** 와하브, 불매 **136.** X, O **137.** 프랑스, 마흐디 **138.** O, X **139.** O, X **140.** 홍수전, 한족 **141.** 양무, 캉유웨이 **142.** X, X **143.** 신해혁명, 군벌 **144.** 미국, 천황 **145.** O, X **146.** 강화도, 러일 **147.** X, O

세계사 퀴즈왕

01. ③ **02.** ① **03.** ⓒ-ⓒ-ⓒ-ⓒ-ⓒ **04.** ①-ⓒ, ②-ⓒ, ③-ⓒ **05.** ⓒ 존왕양이 운동, ⓒ 메이지 유신, ⓒ 일본 제국 헌법, ⓒ 강화도 조약

해설

01. 영국이 펼친 정책을 3C 정책, 독일이 펼친 정책을 3B 정책이라고 해.

02. 지도에 표시된 것은 오스만 제국이야. 오스만 제국은 술탄의 주도로 '탄지마트'라는 근대화 개혁을 실시했지.

03. 인도는 플라시 전투 이후 영국의 영향력 아래 놓였어. 뒤이어 세포이의 항쟁을 진압한 영국은 영국령 인도 제국을 수립하였지. 이후 영국은 인도 국민 회의를 결성해 식민 지배에 도움을 얻으려 했지만, 벵골 분할령 발표를 계기로 인도 국민 회의는 저항에 앞장섰어.

04. 양무운동 시기 중국은 서양의 기술을 받아들이려 했고, 뒤이은 변법자강 운동에서는 입헌 군주국을 세우려 했어. 신해혁명을 통해 중국은 국민이 나라의 주인이 되는 공화국이 되었지.

05 일본은 존왕양이 운동을 통해 천황을 중심으로 똘똘 뭉쳐 메이지 유신을 실시하고, 헌법을 제정했어. 그리고 강화도 조약을 맺으며 조선을 강제 개항시켰지.

2단원

쏙쏙 퀴즈

148. 협상, 사라예보 **149.** O, X **150.** 사회주의, 두마 **151.** O, X **152.** X, O **153.** 바이마르, 참정권 **154.** X, X **155.** 불복종, 호찌민 **156.** O, X **157.** 미국, 할리우드 **158.** O, X **159.** 프랭클린, 블록 **160.** O, O **161.** 나치즘, 유대인 **162.** X, O **163.** 폴란드, 자유 **164.** O, X **165.** 런던, 총리 **166.** X, O **167.** 카이로, 소련

세계사 퀴즈왕

01. 발칸반도, 사라예보, 독일, 러시아, 미국 **02.** ④ **03.** ①-ⓒ, ②-ⓒ, ③-ⓒ, ④-ⓒ, ⑤-ⓒ **04.** ③ **05.** ② **06.** ⓒ-ⓒ-ⓒ-ⓒ-ⓒ-ⓒ

해설

01. 제1차 세계 대전은 발칸반도에서 사라예보 사건을 계기로 시작됐어. 전쟁 초반엔 독일이 우세했지만, 러시아 혁명이 터지고 미국이 참전하며 독일이 패배했지.

03. 인도의 간디, 튀르키예의 무스타파 케말, 인도네시아의 수카르노, 베트남의 호찌민 등 다양한 독립운동가들이 활동을 펼쳤어.

04. 제1차 세계 대전 이후 미국을 휩쓴 경제 위기를 표현한 그림이야. 이 사건을 대공황이라고 불러.

05. 루즈벨트 대통령은 대공황을 극복하기 위해 뉴딜 정책을 펼쳤어.

06. 제2차 세계 대전은 폴란드와 프랑스 침략으로 시작하여, 스탈린그라드 전투에서 정점을 맞이한 뒤 노르망디 상륙 작전으로 독일에 불리하게 돌아갔어. 전쟁은 소련이 베를린을 점령하고 뒤이어 일본이 항복하며 막을 내렸어.

3단원

쏙쏙 퀴즈

168. O, O **169.** O, O **170.** 뉘른베르크, 미국 **171.** 연합, 유네스코 **172.** 프랑스, 아프리카 **173.** X, O **174.** 아랍인, 영국 **175.** NATO, 냉전 **176.** 공산당, 타이완 **177.** X, O **178.** 북, 패배 **179.** X, O **180.** 쿠바, 케네디 **181.** 3, 반둥 **182.** 홍위병, 톈안먼 **183.** X, O **184.** 닉슨, 핑퐁 **185.** 개방, 몰타 **186.** X, O

세계사 퀴즈왕

01. ㉢, ㉣, ㉤ **02.** ③ **03.** ①-㉣, ②-㉠, ③-㉢, ④-㉡ **04.** ③

해설

01. 일본이 저지른 전쟁 범죄를 표현한 그림이야. 일본은 전쟁 중 잔인한 생체 실험을 벌이고 중국의 난징에서 민간인을 대량으로 학살했어. 또 여성들을 강제로 끌고 가 '위안부' 사건을 벌이기도 했지.

02. 사진은 국제 연합의 총회의장 모습이야.

03. 제2차 세계 대전 이후 베트남은 프랑스 및 미국과 전쟁을 시작했고, 인도는 종교 갈등 끝에 파키스탄과 분리 독립했어. 팔레스타인은 유대인의 나라 이스라엘이 세워지며 큰 갈등을 겪었고, 중국은 제2차 국공내전을 겪으며 공산화되었지.

04. 4부에서는 냉전이 마무리되고 세계에 화해의 바람이 부는 내용을 다뤄야 해. 미국이 '북대서양 조약 기구'를 만들고 소련과 맞선 것은 냉전이 시작될 무렵 있었던 일이야.

4단원

쏙쏙 퀴즈

187. O, X **188.** 인종, 비폭력 **189.** O, O **190.** O, X **191.** 하지 않는, 민영화 **192.** O, X **193.** O, X **194.** O, X **195.** 온난화, 탄소 **196.** O, O **197.** 케이팝, OTT **198.** O, X **199.** 4차, 휴머노이드 **200.** 좋아요, 메타버스

세계사 퀴즈왕

01. ③ **02.** ② **03.** ③ **04.** ① **05.** ③

해설

01. 대다수의 사람이 쉽게 접하고 즐길 수 있는 문화를 대중문화라고 해.

02. 그림 속 인물은 인권 운동가 마틴 루서 킹이야. 미국에서 흑인 민권 운동을 진행했고, 버스에서 인종 분리 정책에 항의하며 '버스 안 타기 운동'을 주도했지. ㉡ 흑인 운동가로 남아프리카 공화국의 대통령이 된 인물은 넬슨 만델라야. ㉢ 《제2의 성》이란 책을 쓴 사람은 여성주의 운동가 시몬 드 보부아르야.

03. 세계화를 표현한 그림이야. 세계화가 진행되면서 지역적으로 가까운 나라들은 이해관계에 따라 서로 뭉쳐서 경제 협력체를 이루려 하고 있어.

04. 테러와의 전쟁이 시작됐지만, 테러를 완전히 멈추지는 못했어.

05 빅 데이터 활용과 인공 지능의 발달 등으로 인해 산업계에 큰 변화가 생기는 사건은 4차 산업 혁명이라고 해.

1단원

2단원

3단원

닉	❶홀	개	달	❺아	폴	로	민
슨	로	혁	한	국	전	쟁	주
독	코	핑	❸국	홍	위	병	화
트	스	퐁	❻제	3	세	계	운
린	트	외	연	케	통	미	동
인	연	교	합	네	킹	사	독
권	대	❹냉	핵	디	만	일	립
식	민	❷전	범	재	판	학	대

4단원

찾아보기

10월 혁명 69
2월 혁명 68~69
3국 동맹 60~62
3국 협상 61~62
4차 산업 혁명 186~187
5·4 운동 79
6·25 전쟁 119, 131
68 운동 145
731 부대 115
9·11 테러 172~173, 177
OTT 183
간디 76~77, 123
갑신정변 52
갑오개혁 53
강화도 조약 50, 52~53
검은 셔츠단 87
고르바초프 148~151
광서제 42~43, 45
국공 합작 79
국제 연맹 71, 118~119
국제 연합 118
국제 전범 재판 116
글라스노스트 149
나치당 88~89
난징 대학살 95, 113
난징 조약 37
냉전 127, 130~131, 133~134, 139~141, 144, 147~149, 151, 176
네루 77, 123, 140
넬슨 만델라 164~165
노르망디 상륙 작전 99, 101
뉴딜 정책 84~85
니콜라이 2세 66~68
닉슨 독트린 146
닐 암스트롱 135
담배 불매 운동 27

대공황 83~86, 88, 92, 94, 168
대서양 헌장 118
덩샤오핑 143
동인도 회사 16~17, 32~33
동학 농민 운동 51, 53
두마 67
라마 5세 17, 34
러일 전쟁 51, 67
레닌 69, 90~91, 150
레오폴드 2세 19~21
레이건 169
레지스탕스 93
로자 파크스 162~163
루스벨트 84~85, 102, 104~105, 118
리빙스턴 18~20
마거릿 대처 169
마셜 계획 126
마오쩌둥 79, 128~130, 142~143, 147
마지노선 93
마틴 루서 킹 163
마흐디 운동 31
만주 사변 94
맨해튼 프로젝트 104
메이지 유신 48~50, 52
메타버스 189
몰타 회담 149
무솔리니 87, 92, 99
무술정변 43
무스타파 케말 74~75
무제한 잠수함 작전 63
무함마드 알리 28~29
문화 대혁명 142~143
미드웨이 해전 98, 100
미일 수호 통상 조약 47
미일 화친 조약 46
민족 자결주의 70~71

바르샤바 조약 기구(WTO) 127
바이마르 공화국 72
반둥 회의 141
발칸반도 61, 141, 176
베르사유 조약 71, 88~89
베를린 장벽 127, 151
베트남 민주 공화국 120
베트남 전쟁 133, 145~146
베티 프리단 167
벵골 분할령 33
변법자강 운동 41~43, 45
북대서양 조약 기구(NATO) 126
비폭력·불복종 운동 76
빅 데이터 187
빅토리아 여왕 22~23, 33
사라예보 사건 61~62
사우디아라비아 27, 75, 172, 176, 187
사회 진화론 15
삼민주의 44
샤를 드골 93
서태후 42~43, 45
서프러제트 73
세계 무역 기구(WTO) 171
세계화 170~171, 182
세포이의 항쟁 32~33
수에즈 운하 29, 121
수카르노 77
스와데시 운동 77
스탈린 90~92, 102, 113, 130, 150
스탈린그라드 전투 99, 101
스탠리 18~20
스페인 독감 65, 181
스푸트니크 1호 134
시몬 드 보부아르 166~167
신사 39~40
신자유주의 168~169, 171

신해혁명 45, 78~79
아라비 파샤 29
아인슈타인 104~105
아파르트헤이트 164~165
아편 전쟁 37~38, 40
아폴로 11호 135
안네 프랑크 113
안전 보장 이사회 119
얄타 회담 103
양무운동 40~41, 43
엘비스 프레슬리 159
옐친 151
오펜하이머 104~105
와하브 운동 26~27
우드스톡 페스티벌 161
우크라이나 전쟁 184
워싱턴 평화 행진 163
원자 폭탄 101, 103~105, 149
월스트리트 81
위안스카이 45
유럽 연합(EU) 171
유리 가가린 135
유튜브 183, 189
을사늑약 51
의화단 43~45
이스라엘 125, 169, 176
이와쿠라 사절단 48
이홍장 39~40
인도 국민 회의 33, 76~77, 123
인도차이나반도 17
일본군 '위안부' 115
입헌 혁명 27
자유 무역 협정(FTA) 171
자유 민권 운동 49
장제스 79, 102, 128~129, 177
전봉준 53

전인도 무슬림 연맹 122
제1차 세계 대전 61, 63~65, 67~78, 80~81, 86~88, 94, 116, 118, 121, 124~125
제2차 세계 대전 71, 77, 85, 92~93, 95, 98~104, 112, 114, 116, 118~122, 124~127, 140~141, 158, 166, 168, 170, 174, 184
제3 세계 140~141, 147
제국주의 15~17, 20~21, 23, 27, 30~31, 34, 45, 51, 69, 121, 141
존왕양이 운동 47
줄루 왕국 31
중일 전쟁 95, 113
중체서용 41
중화 인민 공화국 129, 142
중화민국 45, 78, 129
지속 가능한 발전 178~179
진주만 95
찰스 다윈 15
참호전 63
처칠 96~97, 102, 118
천조전무 제도 39
청년 튀르크당 25
청일 전쟁 41, 43~44, 51, 53, 177
체 게바라 136~137, 145
총력전 63, 65
카틴 숲 학살 113
캉유웨이 41~42
케이팝 183
코로나19 180~181, 189
쿠바 미사일 위기 139
쿠바 혁명 136~137, 139
크림반도 25, 185
탄소 배출권 179
탄지마트 24~25, 29

태평양 전쟁 95, 100
태평천국 운동 38~40
테러와의 전쟁 172~173, 177
톈안먼 사건 143
통킹만 사건 133
튀르키예 공화국 75
트루먼 독트린 126
파리 기후 협정 179
파쇼다 사건 21
파시스트당 87
파키스탄 123, 173, 177
판보이쩌우 35
팔레스타인 112, 124~125, 175~176
팬데믹 180~181, 189
페레스트로이카 149
페리 제독 47, 50
페미니즘 166~167
포츠담 선언 103
푸이 43, 45, 94
플라시 전투 32
피델 카스트로 136, 138
피의 일요일 67
핑퐁 외교 147
헤레로족 31
헨리 포드 81
호세 리살 35
호찌민 77, 120~121, 132~133, 145
홀로코스트 113
홍수전 38~39
히틀러 71, 87~89, 92~93, 96, 98~99, 104, 112, 117
히피 160~161

깔깔대며 읽었더니 어느새 어휘력이 쑥~

정신이 가족의 대화를 통해 쉽고 재미있게 익히는 **초등 국어 어휘** 학습 만화!

놓지 마 어휘 한자어 편

신태훈 · 나승훈 | 감수 정상은 | 각 권 184쪽 | 13,800원

✧ 교과서에 나오는 **필수 어휘 1,000 단어** 수록! ✧
✧ **국어 전문가**의 꼼꼼한 내용 감수! ✧
✧ **재미있는 퀴즈와 예문**을 통해 새로 배운 어휘 바로 확인! ✧

어휘 걱정 끝~!

한자어의 원리를 깨우쳐 주는 **워크북(80쪽)**도 드려요!

* 〈놓지 마 어휘〉는 계속 출간됩니다!

 《놓지 마 어휘》 본문 미리 보기

묘하게 호감이 가!

好 좋을 호

호감好感 좋게 생각하는 감정.
호기심好奇心 새롭고 신기한 것을 좋아하거나 모르는 것을 알고 싶어 하는 마음.
호평好評 좋게 평가하는 것. 또는 그런 평가.

어린이에게 재미와 지식을 듬뿍~

오은영의 마음 수호대
❶ 악령에 맞서는 비밀 조직 라이츠
❷ 따돌림당하는 준이를 구하라!

대한민국 최고의 육아 멘토 오은영과 함께하는 어린이 고민 해결 대모험!

★ 어린이들이 자주 겪는 고민을 마음 샘과 함께 풀어 가요.
★ 우리 안에 있는 여러 마음을 무슨 마음인지 찬찬히 살펴봐요.
★ 마음을 알아차리고 성장시키는 법을 배워요.
★ 곤란한 상황에서 어떻게 말하면 좋을지 조언을 얻어요.

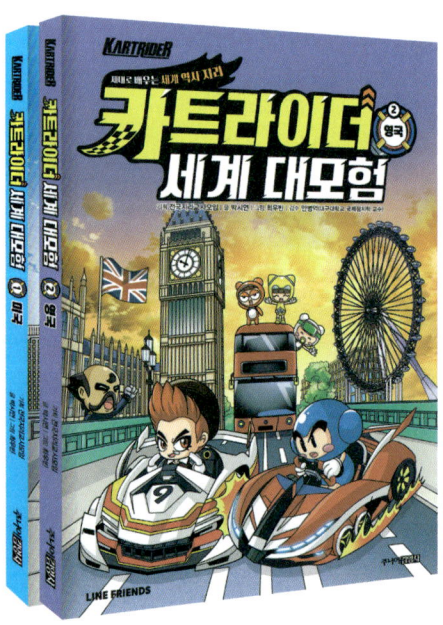

카트라이더 세계 대모험
❶ 미국 ❷ 영국

전국지리교사모임과 함께 제대로 배우는 세계 역사·지리·문화!

★ 역사·지리 교과서의 중요한 내용을 모두 담았어요.
★ 각 나라의 유명 관광지와 명소를 체험할 수 있어요.
★ 풍부한 사진 자료로 현지 모습을 생생히 느낄 수 있어요.
★ 흥미진진한 이야기로 재미있게 공부할 수 있어요.

주니어김영사 학습만화 시리즈

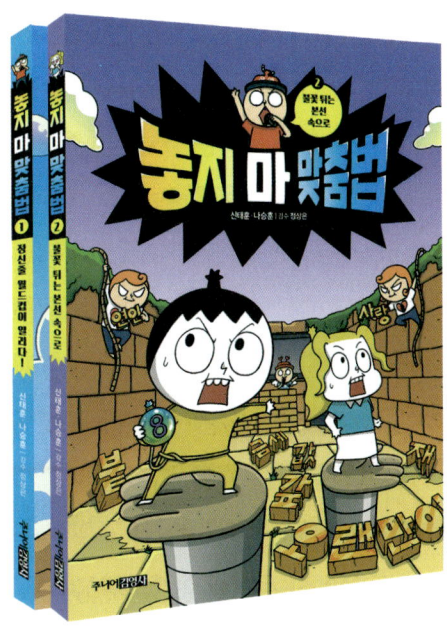

놓지 마 맞춤법
❶ 정신줄 월드컵이 열리다!
❷ 불꽃 튀는 본선 속으로

맞춤법을 정복하는 자, **세계를 지배**한다!

★ 초등 교과서에 나오는 중요 맞춤법 어휘를 모두 수록했어요.
★ 흥미진진한 스토리를 통해 재밌게 맞춤법을 익힐 수 있어요.
★ 국어 전문가가 감수하여 더욱 믿을 수 있어요.
★ 원리와 사례를 익히며 맞춤법을 체계적으로 배울 수 있어요.

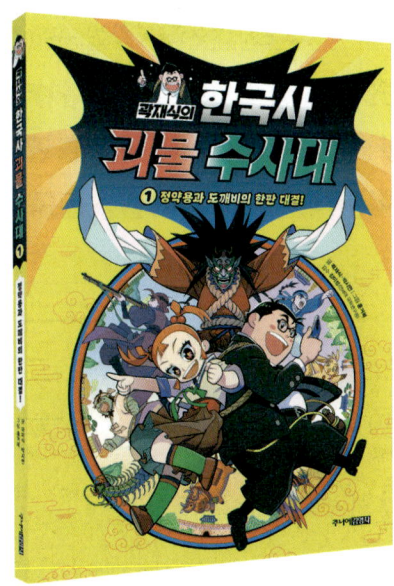

곽재식의 한국사 괴물 수사대
❶ 정약용과 도깨비의 한판 대결!

한국 고전 속 괴물을 쫓으며
생생히 배우는 조선 시대의 사회·문화

★ 한국사 교과서의 중요한 사회사·문화사 내용을 듬뿍 담았어요.
★ 《조선왕조실록》, 《삼국유사》 등 고전의 지혜를 얻을 수 있어요.
★ 고전을 기반으로 만든 탄탄한 스토리로 누구에게나 재미있어요.
★ 시대를 충실히 구현한 작화로 책 읽는 즐거움을 극대화했어요.

사진 출처: 셔터스톡, Wikimedia Commons

1판 1쇄 인쇄 | 2023. 12. 26.
1판 1쇄 발행 | 2024. 1. 17.

글 김지연 | **그림** 뭉선생 윤효식 | **감수** 전국역사교사모임 세계사 분과

발행처 김영사 | **발행인** 고세규
편집 이민경 김선빈 | **표지디자인** 홍윤정 | **본문디자인** 톡톡 | **마케팅** 곽희은 | **홍보** 조은우
등록번호 제 406-2003-036호 | **등록일자** 1979. 5. 17.
주소 경기도 파주시 문발로 197(우10881)
전화 마케팅부 031-955-3100 | 편집부 031-955-3227 | 팩스 031-955-3111

ⓒ 2023 김지연
이 책의 저작권은 저자에게 있습니다.
저자와 출판사의 허락 없이 내용의 일부를 인용하거나 발췌하는 것을 금합니다.

값은 표지에 있습니다.
ISBN 978-89-349-3820-0 77900
ISBN 978-89-349-3821-7 (세트)

좋은 독자가 좋은 책을 만듭니다. 김영사는 독자 여러분의 의견에 항상 귀 기울이고 있습니다.
전자우편 book@gimmyoung.com | 홈페이지 www.gimmyoungjr.com

어린이제품 안전특별법에 의한 표시사항

제품명 도서 제조년월일 2024년 1월 17일 제조사명 김영사 주소 10881 경기도 파주시 문발로 197
전화번호 031-955-3227 제조국명 대한민국 ⚠주의 책 모서리에 찍히거나 책장에 베이지 않게 조심하세요.